奔向那片海

海关法随想录

BEN XIANG NA PIAN HAI
HAI GUAN FA SUI XIANG LU

陈　晖 / 著

法律出版社
LAW PRESS·CHINA
北京

图书在版编目(CIP)数据

奔向那片海 : 海关法随想录 / 陈晖著. -- 北京 : 法律出版社, 2023
ISBN 978-7-5197-8346-4

Ⅰ. ①奔… Ⅱ. ①陈… Ⅲ. ①海关法-文集 Ⅳ. ①D912.204-53

中国国家版本馆 CIP 数据核字(2023)第 180679 号

奔向那片海
——海关法随想录
BENXIANG NAPIAN HAI
—HAIGUANFA SUIXIANG LU

陈 晖 著

策划编辑 刘秀丽
责任编辑 刘秀丽
装帧设计 汪奇峰

出版发行 法律出版社
编辑统筹 法商出版分社
责任校对 王 丰
责任印制 胡晓雅
经　　销 新华书店

开本 A5
印张 9.5　**字数** 165 千
版本 2023 年 10 月第 1 版
印次 2023 年 10 月第 1 次印刷
印刷 北京虎彩文化传播有限公司

地址:北京市丰台区莲花池西里 7 号(100073)
网址:www.lawpress.com.cn
投稿邮箱:info@lawpress.com.cn
举报盗版邮箱:jbwq@lawpress.com.cn

销售电话:010-83938349
客服电话:010-83938350
咨询电话:010-63939796

书号:ISBN 978-7-5197-8346-4　**定价**:48.00 元
凡购买本社图书,如有印装错误,我社负责退换。电话:010-83938349

“海”边“guān”法

——我的三维海关法观

秦皇岛是个神奇的地方，尤其对海关而言。

海关，海关，先有“海”，有“关”，才有“海关”。秦皇岛毗邻渤海，有172公里的海岸线，海岸平坦，植被茂密，冬暖夏凉，是天然不冻港，且“天下第一关”山海关雄踞于此，巍巍长城从此开端，绵延万里，将北方蛮夷挡在长城以北，呵护千年华夏文明，生生不息。

中华大地有海的城市不少，有长城的城市也不少，但有“海”又有“关”的城市，我想不出第二个，秦皇岛独一无二。

近代以来，秦皇岛是较早设立海关的城市之一。鸦片战争以后，我国沿海口岸相继被迫对外开放，但秦皇岛港是清政府主动对外开放的口岸。1901 年在此设立税务司，天津副税务司兼秦皇岛税务司。北戴河建海关别墅，当地人称为“海关楼”。秦皇岛税务司管辖范围甚广，下辖葫芦岛海关。煤炭进出口量之巨，被《泰晤士报》称为苏伊士运河以东全世界最大的煤炭港口。直到现在，秦皇岛港依然是重要的煤炭港口。

在这样一个神奇的有“海”有“关”的城市，面朝大海，俯瞰老龙头，海边“guān”法，感慨许多。“guān”是观，观察，“guan”也是关，海关。我观察到海关法是三维立体的海关法，是感性之维，是知性之维，是理性之维。

这三维之区分，源于康德哲学。

康德认为，经验或者知识有两个来源，一个是感性，一个是知性。

感性提供经验和材料，而知性帮我们形成知识。康德有句名言，“思想无内容则空，直观无概念则盲”，讲的就是感性和知性之间的关系。如果我们只有感性的经验材料，就不会形成知识。如果我们只有知性的概念和范畴，没有感性的经验材料，只能是空空的形式，也绝不会形成知识。

“我们的知识发自心灵的两个基本源泉，第一个是接受表象的能力（印象的承受性），第二个是通过这些表象以认识对象的力量（概念的主动性）。通过前者，对象被给予我们。通过后者，对象在与表象的关联中被思维……因此，直观与概念构成我们一切知识的要素，有概念而无与之相适应的直观，或有直观而无概念，都不能产生认识。”①

康德哲学中的理性，区分理论理性和实践理性。

理论理性是从感性到知性到理性，但只能运用于知识，或者说是自然物或物自体，这里“物自体”是感性的源泉，是认识的界限，是理性的理念。“物自体”限制了理论理性的适用范围，同时也给实践理性留下了地盘。

实践理性是由道德律令到善恶到感性情感，对于灵魂、自由、上帝这些属于精神物的意会体，是理性在实践的运用。实践理性在理论理性之上，分属两个不同的世界。

我认识海关法，也遵循着康德哲学的逻辑。

第一层次的海关法是我看到的海关法经验材料，它或者表现为《海关法》条文，或表现为海关关员在现场执法，或表现为海关法律争议，但这些还不能形成我们海关法学的知识，只是我们大脑接受的海关法材料表象的能力。当我们循着海关法律关系，具体来说就是海关法概念或范畴，也就是动用我们认

① 《纯粹理性批判》A50＝B74。转引自李泽厚：《批判哲学的批判——康德述评》，天津社会科学出版社2003年版，第109页。

识对象的能力，来整理这些海关法条文和海关法经验材料后，才形成，或通俗地讲“做成”海关法学的知识体系，也就是我们教学用的《海关法学》教科书，这是第二层次的海关法。

尼采有句很著名的话：“人最后在事物中找出的东西，只不过是他自己塞入事物的东西：找出，就叫科学，塞入，就叫艺术、宗教、爱情、骄傲。”① 康德也说：“我们在事物上先天地认识到的东西，只是我们自己放进事物的东西”。

我们在学习海关法学知识时，先学习了海关法学教材以及它告诉我们的知识体系，再去识别海关法条文和经验材料，这样的过程是从第二层次开始认识海关法，再到实践中去体验第一层次，这一过程恰恰和我们海关法知识形成的过程相反。

这一过程却很容易形式化，一不小心，就会被所谓概念或范畴所束缚，容易遮蔽海关法鲜活的经验材料，如咀嚼被他人吃过的饭菜，索然无味，反而失去了对海关法的兴致。

因此，有必要从认识论上还原海关法知识形成的过程，把我们人为塞进去的所谓科学掏出来，从第一层次到第二层次，重做一次思想的实验。

为纪念现行海关法颁布实施30周年撰写的《追逐女神二十

① ［德］尼采：《权力意志》（上卷），孙周兴译，商务印书馆2007年版，第181页。

年》，我尝试改变用科学眼光看待海关法的学术套路，尝试用知识形成的过程去看海关法，从人类活动的认知去认识海关法律制度的形成过程。

用这样的视角去观察，你会发现海关监管、征收关税、查缉走私等教科书上枯燥的制度，不是从天上掉下来的，而是在人类活动过程中逐渐形成的，是理性自我发展的过程，这样的海关法律制度不是冷冰冰的，而是有温度的。

重做一次思想实验，有生命力的海关法学又活了过来。

《追逐女神二十年》在“关院海关法论坛”发表后，很多人留言，说没想到海关法枯燥的制度会这么有趣，甚至受到感染和鼓励。

我的创作激情也因此被点燃，一发不可收拾。为纪念上海海关学院建校 65 周年，写了《母校 65 岁了——那是女神的家》；为回答“为什么我是海盗，你是女神”，写了《女神与海盗》；为反思疫情和全球化，写了《戴口罩的女神》。以上四部“女神”作品，都有一个共同的主题“女神”——海关法或海关法学；也都有一个共同的灵魂，就是海关法那些鲜活的“生命”。

这是海关法的感性之维。

但仅有海关法的感性之维是不够的，“直观无概念则盲”，我们还必须回到海关法律科学。

从 1996 年研究生毕业到海关院校工作，我围绕海关法写了不少海关法论文，这些论文都是严格按照学术规范的要求，也就是用科学的概念或范畴去构建的学术知识体系。海关法涉及国内海关法、国际海关法、比较海关法等不同法域的研究，也涉及走私犯罪研究等专业的研究领域，我是从自己研究的刑法、犯罪学知识体系作为逻辑起点去研究海关法的，研究领域专注在海关法、国际海关法、走私犯罪这些研究方向上。

在这些研究方向，我选取了《我国海关法的历史发展、贡献和展望》《贸易便利化下国际海关立法的新特点及其贡献》《走私罪的十个命题和六条规律》《从刑事一体化看十九大以来我国走私犯罪的刑事策略》《贸易合规与海关涉外法律：海关法律关系的三层逻辑》等代表性论文，去探索海关法律科学的规律。

这是海关法的知性之维。

现在我们来到理性。在康德看来，就理论理性而言，知性的对象和内容是感性经验，理性的对象和内容不是感性经验，而是知性自身。理性与感性无关，只与知性的活动和使用有关，因此理性是关于思维的思维。

康德说：“纯粹理性绝不直接与对象有关，而只与知性关于对象所构成的概念相关”①；“……理性绝不直接应用自身于经验

① 《纯粹理性批判》A335 = B392。转引自李泽厚：《批判哲学的批判——康德述评》，天津社会科学出版社2003年版，第203页。

或任何对象，而仅应用于知性，它要用概念给予知性的杂多知识以先天的统一”。①

已有的海关法研究遵循知性科学的规律，循规蹈矩地围绕论题、论点、论据和论证过程展开，貌似严谨和科学，恰恰缺少的是对海关法的前研究，即对海关法研究的存在的前提和条件的研究，也就是“关于思维的思维”研究。由于缺少对思维的思维的研究，海关法研究只能长期在低层次的学术水平徘徊，很难挤进科学的神圣殿堂。

黑格尔曾有句名言：“密涅瓦的猫头鹰总在黄昏之后起飞。”在黑格尔看来，哲学就像密涅瓦的猫头鹰一样，它不是在旭日东升的时候在蓝天里翱翔，而是在薄暮降临的时候才悄然起飞。

我认为，海关法学要成为一门法律科学，也应该像密涅瓦的猫头鹰，经过理性的反思，在黄昏之后起飞。意识到“关于思维的思维”研究之迫切，我近期着手写海关法“猫头鹰”系列文章。《致敬未来海关法研究》，提出用批判理性反思海关法学。《密涅瓦的猫头鹰应该这样再次起飞》，提出了海关法法典化的命题。《海关法学应成为一门确定性的科学》，提出了构建海关法范畴的问题。

---

① 《纯粹理性批判》A302 = B359。转引自李泽厚：《批判哲学的批判——康德述评》，天津社会科学出版社 2003 年版，第 203 页。

这是海关法的理性之维。

我学习法律科学，已经有 35 年有余。记忆犹新的是，20 世纪 90 年代研读刑法学，陈兴良教授曾提出要撰写一本没有一个法律条文的刑法学著作，彼时不太理解，也觉得不可思议。

20 多年前从我攻读哲学博士学位始，逐渐冲破法律浪漫主义的迷雾，思想徜徉在法学和哲学之间，从哲学看待法学研究，对法学有了反思性前理解，也逐渐明白，写一本没有一个法律条文的海关法学著作是可能的。

这本小册子，是自己心路历程的一个小小路标。

陈　晖

2023 年 4 月 24 日写于小岛

目录

C O N T E N T S

第一篇

感性之法

追逐“女神”二十年 / 003
母校65岁了——那是“女神”的家 / 025
女神与海盗 / 065
戴口罩的女神 / 088

第二篇

知性之法

我国海关法的历史发展、贡献和展望
——纪念《中华人民共和国海关法》颁布三十周年 / 107
贸易便利化下国际海关立法的新特点
及其贡献 / 166
贸易合规与海关涉外法律：海关法律关系的
三层逻辑 / 191
从刑事一体化看党的十九大以来我国走私
犯罪的刑事策略 / 212
走私罪的十个命题和六条规律 / 230

第三篇

理性之法

致敬未来海关法研究

——密涅瓦的猫头鹰总在黄昏之后起飞 / 255

密涅瓦的猫头鹰应该这样再次起飞

——写在2021年第十四届海关法论坛征文之际 / 263

海关法学应成为一门确定性的科学 / 274

奔向那片海 / 285

第一篇

感性之法

追逐“女神”二十年

在灰暗的雨晨，我吟哦着许多飘逸的诗篇。我头上戴过爱人手织的夜晚的醉花的花圈。但我想起孩提时第一次捧在手里的白茉莉，心里还感受着甜蜜的回忆。

小草呀，你的足步虽小，但是你拥有你足下的土地。

我不能选择那最好的。是那最好的选择我。

鸟儿愿为一朵云。云儿愿为一只鸟。

上帝从创造中找到他自己。

——泰戈尔《飞鸟集》

当今世界是互联网的世界，也是新新人类的世界，各种夹杂着网络流行的新词汇层出不穷、目不暇接，也让人晕头转向。转眼间，满街都是“帅哥”“美女”，满口都是“男神”“女神”，世界瞬间变成了伊甸园。

我不敢轻易叫“男神”“女神”，因为叫“神”一定是很神圣的，非“神”不敢前面加“男”或“女”字，当然“神”还有另一种意思——神经病，叫了不仅不尊，还会引来好一顿劈头盖脸，更是使不得。

但今天我却要讲讲我的“女神”，准确地说是我们的“女神”，因为它伴随我二十余年，我也追逐她二十余年，如影随形，若即若离，可望而不可即。她无形却有形、她无声却有声、她是完美的，重要的是，她是神圣的，是我和我们心中真的“女神”，她的名字是“海关法学”。

初识“女神”

“海关法学”这个“女神”不是抽象的，在古希腊神话中她是具象的，但性别却是男性，他就是古希腊的赫尔墨斯神。赫尔墨斯神身材魁梧，力量过人，是自然界强大力量的体现，是畜牧之神，牧人的庇护者。传说赫尔墨斯神穿有飞翅的凉鞋，手持魔杖，能像思想一样敏捷地飞来飞去，是宙斯的传旨者和信使，是旅者之神，也是商业之神（见图 1）。正是因为他是商业的庇护之神，因此成为海关的象征。中国海关关徽由商神手杖与金色钥匙交叉组成（见图 2）。商神手杖是赫尔墨斯的手持之物，传说赫尔墨斯拿着这根金手杖做买卖很发财，金手杖也便成了商神杖了，被人们视为商业及国际贸易、海关的象征。

图 1　赫尔墨斯神像

图 2　中国海关关徽

赫尔墨斯神由于掌管贸易，而古代国与国之间壁垒森严，非国家许可并有强力者不可把持，国家之间贸易不可想象。大英博物馆藏有一块由黄铜制成的贝宁饰版（见图 3），形象地描述了 16 世纪贝宁（今非洲尼日利亚）和葡萄牙之间贸易的情形，可以想象赫尔墨斯神的强者形象。饰版上贝宁国王奥巴两旁跪着两名宫廷高官，高官腰上挂着小鳄鱼头，而高官身后仅露出头和肩部的是葡萄牙人，鳄鱼头象征获得和葡萄牙人贸易的许可，葡萄牙人将西非的胡椒、象牙和黄金运到欧洲，也为奥巴的宫廷带去世界各地的商品。

图 3　贝宁饰版：奥巴与欧洲人（大英博物馆收藏）

对于今天的欧洲国家，海关监管和税收可追溯到 14 世纪末“车船费和许可费”，前者源于政府派军舰保护商船免受海盗和战争威胁，而后者则是 15 世纪末许可商人和敌对国家做生意收取的费用。19 世纪是收取过路费的黄金时期，收取的费用用于路网建设和维护开支，仅荷兰一个国家就有超过一千个地点收取过路费。随着路网和交通的发达，在 1900 年政府废除了地方过路费。由此不难理解，各国海关通常是和边防、警察一起执法，甚至几者合一，是冰冷和严酷的。因此，借赫尔墨斯神这一男神强硬的形象来描述海关。

自“二战”以后，这一冷酷无情的男神形象逐步开始改变。由于布雷顿森林体系重要组成部分的“关贸总协定”要求各国废除非关税壁垒、降低关税、鼓励自由贸易，海关“看门人”的形象向“税官”形象转变。此种“税官”也不再是封建时代上门讨债、逼人卖儿卖女的征收苛捐杂税的酷吏形象，而是坐在办公室，穿着白衬衣、打着领带，敲着键盘，精于商品归类和计算税种税率的高级白领形象，和以往在关境线上，手持大棒、腰配武器、大声斥责的旧海关官员形象大相径庭。这一温柔版男神形象的改变，是商界要求贸易畅通、减少通关环节的贸易成本所导致的。为此，国际商会还出台了《国际海关指南》，为海关画了一幅画像，请各国海关照一照镜中的自己是否相符。

我初识海关法正是男神形象温柔改变时期，恰逢世界海关组织应贸易界的要求对《京都公约》进行修改。该公约全称为《关于简化和协调海关业务制度的国际公约》，因 1973 年 5 月 18 日在日本京都签署，简称《京都公约》。公约修改范围极其广泛，不仅包括公约的框架结构，还包括公约管理机构等，更重要的是为减少贸易壁垒、促进贸易发展，公约内容上减少了许多刚性条款，增加了很多柔性规定。举例来说，贸易商进出口申报是通关重要的环节，海关根据申报进行查验、征税。以往海关对贸易商存有“有罪推定”的思想，认为贸易商追求利润，天生逃税，因此不允许申报后再修改报关单。可在实际贸易活动中，因差错、货物所处环境的改变或其他非主观故意的原因造成的申报差错和遗漏是经常出现的，因此公约规定海关应准许申报人修改货物申报。2000 年我国《海关法》修改，也将这些柔性规定吸收其中，不仅包括报关单的修改，申报前提取货样，还包括海关担保、行政裁定制度等。这时候，我们看到的已不再是严刑峻法的“男神”形象，而是温情脉脉的“女神”形象了。

严苛的“名捕”和温柔的“女神”

讲到男神的严苛形象，不得不提起走私。走私古已有之，两千多年前的印度古典文学——考底利耶所著的《利论》中就记载，商人经过插着旗子的收税站而不缴纳税款者，将被处以相当于应收税款 8 倍的惩罚性关税。公元前 2 世纪或更早的《摩奴法典》是古印度涉及海关的一部法律，其中规定：“逃避海关或关卡，在不适当的时间买卖，或者货物计数时弄虚作假，将被处以相当于企图逃避的关税的 8 倍罚款”，这相当于现在的逃税走私。查缉走私，海关关员俨然就是严苛的“名捕”形象。我在海关学院教授《刑法》，课程考试通过率和分数均不高，学生给我起了一个绰号也叫“名捕”，我也戏称“不是陈老师不让你过，是刑法不让你过”，但要和海关关员这个“名捕”相比，则相差甚远。陈老师“名捕”的后果只是补考而已，而海关这个“名捕”的后果则是牢房。

荷兰海关博物馆收藏的几幅绘画生动描述了 19 世纪欧洲国家的走私，也生动描述了“名捕”形象。一幅画源于 1861 年 3 月 28 日发生的一个真实案例，案件发生在比利时边境（见图 4）。在 19 世纪，荷兰禁止破布出口，因为破布是荷兰造纸工厂的重要原材料。禁止破布出口，一直持续到 19 世纪。画中一走私者向海关官员做鬼脸，另外的走私者则趁机走私一袋一袋的破布出境，海关关员迅速抓捕。另一走私者被抓获，海关关员用手杖指着走私的破布，严厉讯问。破布走私，今日看来不可思议，但在当时极为常见，也正应了贝卡里亚“走私罪也是法律自身的产物。因为关税越高，渔利也就越多”。

图4　荷兰佛兰德（和比利时接壤）边境地区走私破布（荷兰海关博物馆收藏）

另一幅画讲的是在布鲁塞尔两个海关关员正在查货一个走私贩子，走私贩子用动物肠子来走私杜松子酒，当时动物肠子经常用来作为走私工具，左边柜台后面一个海关关员正在监视一个男孩，男孩正把面包藏在夹克里面进行走私（见图5）。

图5　抓获（荷兰海关博物馆收藏）

当时走私的工具也是匪夷所思，不仅有用动物肠子来走私的，奇葩的还有“走私空手杖”和“走私背心”。走私分子每天持空手杖进出境，直到海关关员查验发现空手杖并不“空”，内藏有液体走私。走私背心穿在衣服里面，含夹层，有接入口，可藏液体。一百年前科技不如现在发达，“走私背心”厚重无比，我也好奇这“背心”咋穿呢？利用孩童进行走私，刑法上叫“间接正犯”，意思是将孩童当做犯罪工具。这种情形现在还有，深圳、珠海、港澳地区利用孩童来往两地进行电子产品走私就不是个例，只是面包被换成了“苹果”而已。

随着交通工具的发达和人员、货物往来的频繁，海关这一严苛的“名捕”形象不断加强，“名捕”也由单数变成了复数（见图6）。经济大萧条时期，百姓生活艰难，走私日用品十分严重。在车站、船舶码头，海关加强查验，严查走私，场面十分壮观，也不留一点情面（见图7）。我国改革开放初期，来往港澳内地之间也是走私频发，海关逐一对进出旅客进行查验，常常翻个底朝天，有问题的，扣留、没收、罚款；没问题的，扬长而去，现场一片狼藉。为了在有限的通关时间和空间里查获走私分子，意大利犯罪学家龙勃罗梭的“天生犯罪人”理论也被海关运用上了，长有扭曲的鼻子、凸出的颧骨、长胳膊、皮肤上有明显褶皱、厚下巴的是典型的“天生犯罪人”形象，查缉走私中应重点关注（见图8）。这种海关执法现象既没有人情味，也不文明。此后，人类文明世界逐步达成共识，逐一查验逐渐被“红绿通道制度”所替代，严苛的“名捕”慢慢变成了温柔的“女神”。

图 6　1939 年荷兰海关关员在布拉本特边界地区查验

图 7　大萧条时期，走私猖獗，荷兰海关关员在弗利辛根船舶码头检查旅客的行李和包裹。Heijenbrock 的粉彩画（1935 年）（荷兰海关博物馆收藏）

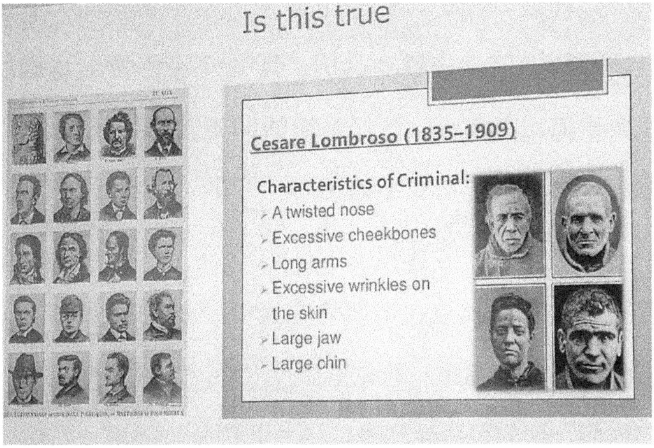

图 8　荷兰史基浦机场海关专家讲授的查缉毒品走私课件

“红绿通道制度”又称“双通道制度”，是指一种简化的海关监管制度，该制度允许到达旅客在两种类型通道中任选其一作申报。用绿色符号表示的通道供只携带不超过准予免税入境的规定数量与价值且不受进口禁限的货物的旅客使用。用红色符号表示的另一通道供其他旅客使用。“红绿通道制度”能加快国际旅客的流动，在不削弱海关监管力度以及增加海关关员的前提下，有效应对旅客数量的不断增长。世界海关组织（WCO）于 20 世纪 70 年代倡议在航空与海运旅客海关监管中使用，得到各国普遍响应，我国于 1989 年全面实施，适应了对外开放的发展需要。

“红绿通道制度”也是经济学上的一个有意思的话题，就是所谓的“红绿通道选择困境”。旅客进出境有携带一件应税商品的、有携带两件以上应税商品的，是选择绿色通道逃避税收，还是红色通道正式申报，不仅是道德问题，还是利益计算的数学问题，变量不仅包括商品的税率、价格、查获后要交的罚款数量等，还依赖海关的查验率和查获率；对海关而言，查验政策不仅要查旅客的反应，还要考虑查获税收要大于查验成本。一个很有意思的问题是：将旅客置于“无知之幕”中，到底是会提高他们合规的可能性，还是会适得其反？

“女神”是中国的，还是世界的？

讲到海关法学这个“女神”，在不同的人心目中可能有不同的归属。一次，我接待海关行政法律专家，提到国际海关法时，专家立刻打断我说，海关法就是海关行政法，哪有国际海关法，在专家心里这个“女神”是中国的；可在另外一个场合，复旦大学法学院一位知名教授却斩钉截铁地说，海关法就是国际海关法，是国际经济法的组成部分，在教授看来，海关法这个“女神”是世界的。

我起初认识的“女神”是中国的，因为海关是一个国家主权的象征，海关是行政机关，海关法当然属于一国行政法的范围。中国海关的历史研究成果十分丰富，就中国海关的起源有不同的学说，如隋代说、唐代说、宋代说、清初说等，其中最有影响的是20世纪80年代蔡渭洲先生提出的西周说。《周礼》记载："司关，掌国货之节，以联门市。司货贿之出入者，掌其治禁与其征廛。凡货不出入关者，举其货，罚其人。凡所达货贿者，则以节传出之。"《周礼》设计了司市、司门和司关。司门，"掌授关键，以启闭国门"；司关，"掌国货之节，以联门、市"，"凡货不出于关者，举其货，罚其人"；司市，"掌市之治教政刑，量度禁令"，"凡通货贿，以玺节出入之"。玺节，是掌节机构发给商人出入关门的通行证。此后两千多年，海关从西周诸侯之界关，演化成清中期内陆的关津，东南沿海的市舶，西北陆地边关等，海关法由此发达。

若放眼世界，要了解"女神"的世界历史，不得不提被称为"协调制度之父"之一的日本人朝仓弘教先生。他所著的《世界海关和关税史》也是目前中文世界里唯一能看到的世界海关历史的著作。朝仓弘教先生1968年加入世界海关组织的前身"海关合作理事会"，在该组织20年的供职时间里，先后担任了三种不同的重要职务，特别是担任税则和归类委员会主任期间，负责世界海关组织商品协调制度和编码的推广。"在协调制度还处于婴儿期间，朝仓弘教教授像一个育婴员一样做了大量杰出工作"，现在协调制度成为国际贸易的通用语言，国际贸易中的

95% 以上的商品均采用了该项制度。他 1993 年离开世界海关组织后，在东京国际大学经济学院担任教授 8 年时间，2003 年和世界海关组织合作出版了《世界海关和关税史》，该书被认为是该领域最重要的参考书。2015 年 7 月 2 日，朝仓弘教先生去世。

按照朝仓弘教先生的考察，海关本身是一个很古老的财政机制。也许是最古老的收钱方式，海关何时何地诞生始终是个谜一样的问题。曾任苏格兰海关专员的亚当 · 斯密在其著名的《国富论》中就曾指出，海关（customs），意味着按惯例付款，“自从远古以来”就已存在，但我们还不能准确地说它究竟从什么时候开始。但可以肯定的是海关的活动可追溯到遥远的古代，在这些地方一般都具备两个必要条件，即商业活动的存在和公共政权或者至少是统治者或头领的存在，没有商业活动就没有海关，有了公共政权和公共财政，才不至于将关税混同赃物，也不至于将海关官员和海盗同等看待。以此推断，至少在两千年以前，在美索不达米亚、埃及、印度次大陆、中国、古希腊和古罗马这六个地区诞生了海关。有意思的是“关税”（Tariff）一词的出现和一段历史有关。公元 711 年，穆斯林入侵欧洲的前一年，一支伊斯兰军队的侦查队在安达卢西亚（西班牙最南边的一个地区）沿岸登陆，侦查队队长名叫 Taligibn Ziyad，故将登陆地点命名为“Tarifa”。这个地方被占领后，伊斯兰人就开始向过往的船只征收通行费，这也就是现在关税的来历。

对来往的贸易商征收过路费，征收的标准是什么，无疑是要解决的关键问题。在近两千年前，在叙利亚沙漠中的绿洲城市巴尔米拉，议员们发明了一种海关分类的制度，诞生了世界上第一个关税税则，这种制度一直延续到今天。巴尔米拉是一个绿洲城市，长满了无数的棕榈树和果实累累的枣树。公元前 20 年罗马和安息签订和平条约后，东西方的贸易逐渐繁荣起来，从巴格达到大马士革的车队都要在巴尔米拉停留，使这个城市成为贸易的中心。据说当时的皇帝十分喜欢巴尔米拉这个城市，赋予了它自行征税的权力。巴尔米拉海关税就是该城市市税法的重要组成部分，被分别用希腊文和阿拉伯文刻在一块 175 厘米 ×48 厘米的大石头上，这部法律的日期是公元 137 年 4 月 18 日（见图 9）。

图 9　巴尔米拉有一截 2 ~ 3 米高、几百米长的海关墙，两千年后依然存在

当时的海关税是基于数量来征收的，且都是具体详细的。如巴尔米拉海关税规定："对每头驴所驮货物的进出口，将征收1个迪纳里厄斯"，"每骆驮橄榄油进出口，缴纳7个迪纳里厄斯"等。对于代理征税也有规定，"皮革进口和销售，海关代理征收2厄阿斯（古罗马铜币）"，对于货物承运人，"因为同意，货物承运人无论是运进还是运出城市外围，都不必缴税"。由于巴尔米拉海关税则是第一部成文（铭刻）的税则，增加了税收的透明度，可以预防税收承包商随意确定税率，因此受到贸易商的欢迎。这种根据商品的不同、当事人的不同，征收不同关税的做法得到继承和发展，科学的海关关税制度日后逐步建立起来。

比较中国这个"女神"和西方世界的这个"女神"，两者出生背景及担任的角色略有不同。中国"女神"出生于国家危难之际，为抵御边疆少数民族或蛮夷的侵犯和骚扰而设立。孟子云："古之为关，将以御暴；今之为关，将以为暴"，海关集治安、征税、防御等政治、军事、经济功能于一体，政治和军事功能为首位。中国历史上很长一段时间没有征收关税，武则天长安二年（702年），有表请税关市，当时著名政论家崔融则奏《请不税关市疏》反对。他援引古训，认为关为防卫机构，主要职责是诘暴安民，即使辅之征税，也是征商贾，不征一般出入关津的行人。而欧洲国家"女神"诞生于国家割据，国家收取过路费而来，且延续很长一段历史时间。马克思也曾说：“关税产生于封建主对其他领地上的过往客商所征收的捐税，即客商交的免遭抢劫的买路钱。后来各城市也征收这种捐税，在现代国家出现之后，这种捐税便是国库进款的最方便的手段”。“二战”以后，随着倡导自由贸易，特别是关贸总协定要求各国降低关税，关税职能在减弱，海关手续简化和协调成为焦点。2001 年的“9·11”事件一下子放大了恐怖主义对国家的威胁，西方国家海关纷纷将安全放在第一位，世界海关组织专门出台“标准框架”来协调边境安全问题。2008 年金融危机和 2016 年特朗普美国总统的胜选，中东战争阴云密布和难民危机，贸易保护主义甚嚣尘上，右翼政党主导政治舞台，眼里只有本国利益和安全。西方“女神”向两千年前的东方“女神”靠拢，且有变回“名捕”的可能。而中国这个“女神”似乎越来越温柔，随着“一带一路”的拓展，中国“女神”走向世界，极有可能成为新版的世界“女神”。

追逐成了我们共同的事业

一个好奇的问题是，“女神”和国家主权、经济、安全关联如此紧密，和国民跨境活动息息相关，为什么“女神”在知识体系和学科体系中始终没有应得的地位呢？在科学界和重大事件中我们很难看到“女神”的身影呢？

一个可疑的观点是认为海关这个“女神”是历史暂时现象，随着经济全球化，海关会消亡，欧盟国家消除内部海关边界就是证明。但放眼历史，我们会发现，海关作为一个古老的职业存在了两千多年，和海关相关的职业从业人员众多。就全世界而言，有80万海关官员，就中国而言，我国每年进出口总额近4亿美元，在海关注册的报关单位近百万家，有近6万名海关关警员。海关事关国家主权，主权国家都有海关立法，而且属于中央事权，不轻易下发地方。进入21世纪，一方面，随着全球经济一体化，国际贸易规则离不开海关法，“贸易便利化协定”中90%和海关有关；另一方面，恐怖主义和环境恶化，海关边境职能则在加强，海关法领域在拓展，以为经济一体化会导致海关消亡的观念不仅过于理想化，恐怕也与现实相背离。

另一个可疑的观点是认为海关是纯粹的执法经验活动，没有什么理论而言。事实上，国际贸易的历史发展到今天，已经形成一套完整的海关规则。世界贸易组织中的货物贸易协定中直接涉及的就有海关估价、原产地规则和知识产权边境保护等。世界海关组织更是统一了世界各国商品归类的标准，号称国际贸易的“商品辞典”，其对海关手续的简化和协调更是无法替代。而在各国国内法律体系中，海关法已成为和证券法、期货法等并列的专业法律，形成了关于关税、通关、保税、担保、知识产权保护等专业的法律知识体系。以为“女神”只是徒有外表的人，更是被蒙蔽了眼睛，没有看到其“美丽心灵”。

回顾学科的发展历史，学科的分类也不过是近代以来的事情。在古希腊亚里士多德、柏拉图的时代，不仅管理学、经济学、法学没有区分，就是自然科学和社会科学也没有区分，即使到中世纪，当时最显赫的学科也不过是神学、哲学和法学，其中哲学被认为是科学中的科学，它涵盖了自然和社会的科学。只是到了近代，随着工业革命和生产力的进步，自然科学开始分化独立出来，同时将自然科学的方法延伸到对人和社会的研究，出现社会学、心理学、管理学等新兴的学科，自然科学和社会科学才开始分化出来，哲学也因此衰落了。因此，“女神”的不出场只是暂时的，当她被经济学、管理学、法学等诸神蒙蔽，而为时代所召唤时，也正是我们去揭开她的面纱的时候，也由此有了一个一个的“第一”。

在中国，在海关学领域，1985 年，国际问题专家宦乡先生第一次提出建立“海关学”的设想；2005 年，中国海关学会第一次举办了海关学科建设研讨会；2014 年，肖建国教授主编的第一本海关学著作《海关学本体理论研究》出版。在海关法领域，2007 年国内第一个海关法研究中心成立，同年举办第一届海关法论坛；2007 年，何力教授主编的第一本国际海关法著作《国际海关法学——原理和制度》出版；2010 年，第一套国际海关法律研究丛书出版（见图 10），至今已出版 7 部著作；2010 年，第一个海关法系列出版物《海关法评论》出版（见图 11），至今已出版 7 卷；2016 年，第一个海关法研究专业研究会——上海市法学会海关法研究会在上海成立。在人才培养方面，对外经贸大学和上海海关学院开设了海关管理本科专业，复旦大学、对外经贸大学培养公共管理（MPA）海关管理方向研究生，上海海关学院培养税务专业海关税收方向研究生，复旦大学培养国际经济法专业国际海关法方向博士研究生。

图 10　上海海关学院学术文库
“国际海关法律研究丛书”

图 11　上海市法学会海关法研究会与上海海关学院海关法研究中心共同主办的系列出版物《海关法评论》

在世界，2005 年国际海关高校联盟（The International Network of Customs Universities，INCU）成立；2006 年世界海关组织“海关学术研究和发展伙伴关系”（Partnership in Customs Academic Research and Development，PICARD）项目启动，并制定海关职业标准，开展大学海关专业认证，2006 年开始每年举办 PICARD 大会；2007 年，国际上第一本海关学术刊物《世界海关学刊》出版。此外，20 世纪 90 年代至今，德国明斯特大学、荷兰伊拉姆斯大学、澳大利亚查尔斯特大学等西方主要国家纷纷培养海关专业硕士研究生，俄罗斯、乌克兰、阿塞拜疆等国家设立专门的海关大学（学院），建立了从本科生到博士研究生的完整培养体系，海关学术在世界各国方兴未艾。

追逐“女神”异常辛苦，中国如此，世界也是如此。国际海关高校联盟（INCU）的创始人 David Widdowson 先生在回忆 INCU 2005 年创始经过时，用“卑微的”（humble）的这个词来形容开始之不易。可是一旦开始，就一发不可收拾了，追逐“女神”成了白皮肤、黄皮肤、黑皮肤等不同肤色、不同种族的共同事业。据 INCU 统计，世界上已有超过 100 个国家的学者、专家加入了追逐的队伍，尽管追逐的人，有的走了，有的退出了，有的黑发变成了白发，但追逐的人越来越来越多，队伍越来越长，追逐的脚步越来越密了，离“女神”真的越来越近了，“女神”的形象日渐清晰了。

你看见她向你走来了吗？

以此文纪念《中华人民共和国海关法》颁布 30 周年，上海海关学院法律系建系 20 周年。

（2017 年 12 月 6 日）

母校65岁了

——那是“女神”的家

你虽然才华横溢，

但你总是躲在我身后；

我享尽无数荣光，

而你一直默默无名。

我知道，纵然有一天我飞得比老鹰还高，

没有你，我什么都不是。

你呀，你，

你是我羽翼下的风！

——*Wind Beneath My Wings*

每一个人都有自己的母校，那是养育我们成长的温暖怀抱，是我们感恩的第二个家。如果从接受高等教育算起，从大专，到本科，到硕士、博士，最后到博士后，我经历了五所不同的大学，我一直惶惑哪一个是我的母校，哪一个是我的家。

每一所大学都是我的人生课堂，都有我热爱的老师，也是我人生每一个驿站。一所大学，就像一趟列车。上车了，停下来；歇息了，又上车，每一站都不是终点。从17岁到40岁，我不知疲倦地换乘，从“绿皮车”换成了“子弹头”，从普快换成了带空调的，从硬座换成了软座，身体舒适了，戴给我的“帽子”也多了，可内心却越来越不安。因为我知道我换乘的每一趟车都不是属于我的，我终究要下车，我最后还是要乘坐属于我的列车，带我去该去的地方。

直到有一天，我终于找到我要追逐的“女神”，我乘上了追逐的列车，去我该去的地方。实际上，我很长时间就在这趟列车上，只是我一直没有辨明方向。我追寻列车的来路，才发现它已开行了31,680小时，合计110年。如果从它驶上新的轨道算起，它也行驶了18,720小时，合计65年。我查阅列车的记录本，想多了解一下它的过去，泛黄的照片和文字间写满了它的辛酸、泪水、感动、敬仰、骄傲和幸福。我像从废弃的杂物中发现了珍珠一样，它闪闪发光，我如获至宝。我发现了久违了的美，打动心灵的美，触碰灵魂的美。我开始后悔，它一直在那里，我竟然很长时间忽略了它的存在、它的美丽。我眼睛湿润，视线模糊，从它的过去我找到自己，这才是我要乘的列车，它指引着我追寻家的方向、追逐“女神”的方向。

这趟列车行驶了65年，2018年是她65岁的生日，我想写点什么送给她。我不曾在这里上过学，但她是我真正的母校，是我的精神家园，是我的第二个家。我很骄傲，我在这里教学生，让我的学生把她叫母校。一年不够，两年；两年不够，十年；十年不够，二十年；二十年不够，三十年……我教的学生越多，管她叫母校的也就越多。

我想告诉你的是，这趟列车是我的母校，它的名字叫“上海海关学院”，2018年，她65岁了。

高贵的“女神”

我要追逐的“女神”，在古希腊神话故事中其实是“男神”，是赫尔墨斯神。

赫尔墨斯的出身并不光彩，虽为奥林匹斯山上十二众神之首——宙斯之子，却并非合法所生。宙斯生性风流，经常伪装成好人，天天和凡人混在一起，主要干的是劫走美女和诱拐少女的勾当，留下一个个爱情悲剧和一大堆私生子，其中就有大名鼎鼎的酒神巴克斯、大英雄珀尔修斯、大力神赫拉克勒斯以及绝色美人海伦，赫尔墨斯也是其中一个。赫尔墨斯的妈妈是被宙斯打败的泰坦神阿特拉斯的女儿，阿特拉斯是希腊神话中的大力神，也是擎天巨神。大力神被宙斯打败，女儿也受辱。书载："阿拉特斯迈亚睡上宙斯的圣床，为他生下了永生诸神之信使——光荣的赫尔墨斯。"①

赫尔墨斯可不是凡人，出生不到一天，嘴里还含着奶嘴，就琢磨着如何逆袭成为大神。赫尔墨斯在诸神中头脑最为灵光，他躲在山洞中的一个破篮子里，身边唯一的财产是几只躺在水边一动不动快要咽气的乌龟。靠这几只乌龟，如何能翻身？赫尔墨斯盯上了神的时代最值钱的东西——牛，牛不仅可以用来祭祀神灵，还可以用来物物交换。哪里能弄到牛呢？赫尔墨斯打起了同父异母的太阳神——阿波罗的主意。那时阿波罗正忙着谈情说爱，眼里满是情人，完全没发现自己辛辛苦苦放了一年的牛一头一头减少。赫尔墨斯聪明绝顶，他在自己脚上和牛的脚上捆上树枝，赶着牛倒退着走，边走还边用脚边的树枝把痕迹扫掉，阿波罗完全被蒙住了。

赫尔墨斯的志气可不在这几头牛上，他要用这第一桶金干

---

① 转引自美柔汀：《博物馆里的神秘花园》，中国青年出版社 2017 年版，第 96 ~ 97 页。

一番大事业。他回到山洞，杀了两头牛，直接在自己的地盘开始了封神活动。他先自封为奥林匹斯山上的第十二位大神，然后把烤得香喷喷的牛肉分成十二份，向包括自己在内的十二位大神献祭，这其中就有蒙在鼓里的太阳神阿波罗。回过味来的阿波罗愤怒地找到赫尔墨斯，讨要自己被盗走的牛。赫尔墨斯四脚朝天躺在襁褓中，一脸无辜，没有证据的阿波罗无可奈何。最后还是众神之王宙斯发话，要赫尔墨斯向阿波罗归还牛。赫尔墨斯硬撑不行，悲从中来，情不自禁地拿起身边的里拉琴，弹起了悲伤的无产者之歌。

文艺青年阿波罗被里拉琴声吸引了，阿波罗眼睛发光，里拉琴远胜几头牛。阿波罗拦住赫尔墨斯，向赫尔墨斯提出要用牛群换里拉琴，他哪里知道里拉琴是赫尔墨斯将半死不活的乌龟剥皮抽筋后，和牛肠一起做的。赫尔墨斯是什么人，他看见了阿波罗手中的双蛇杖，阿波罗是医药之神，这蛇杖是医生的象征。赫尔墨斯欲擒故纵，绝不肯给里拉琴，急得阿波罗直跺脚。赫尔墨斯一脸为难："那好吧，更多的牛就不需要了，五十头牛外加你身边的蛇杖，我就把里拉琴给你！"世界上第一笔商业交易就此完成，赫尔墨斯不仅没有归还偷来的五十头牛，还拿到了标志性的蛇杖。蛇杖也从此由医生的象征，变成了商业的象征、海关的象征。法国画家让－巴普蒂斯特·马塞斯的作品《商业》形象地描绘了赫尔墨斯和商业之间的故事，小赫尔墨斯拿着标志性的双蛇杖，守着钱袋子，坐着象征丰饶的牛角上，寓意源源不断的财富。

赫尔墨斯聪明机灵、腿脚利索又跑得快，宙斯很喜爱自己的这个小儿子，赠送给他一顶飞檐帽和一双飞鞋，让他成为神的使者，负责宙斯和众神与人类之间的联系。从此，赫尔墨斯的正式职业是众神的信使，除此之外，他还是商业之神、旅行之神，因为偷了阿波罗的牛群，反而被牧人请来做畜牧保护神。荷兰画家德里克·霍尔齐厄斯创作了一幅很有名的油画——《赫尔墨斯和他的象征》。在这幅油画中，画家采用了象征手法表现了赫尔墨斯的众多职业。他头上的飞檐帽是信使的象征，蛇杖是商业之神的标志。赫尔墨斯是畜牧之神，他旁边跟着一只小公鸡。他还是盗贼之神，身后有一个小偷模样的人。赫尔墨斯多才多艺，弹的一手好里拉琴，手中的画笔和调色板，描绘他是一个文艺青年。

古希腊神话中，不仅有男版的赫尔墨斯，还有女版的赫尔墨斯，就是美丽的彩虹女神伊里斯。赫尔墨斯是宙斯的信使，伊里斯则是天后赫拉的信使，彩虹的象征。法国画家皮埃尔·纳西斯·盖兰的《莫菲和伊里斯》描绘了天后赫拉让伊里斯来到睡梦之神莫菲的房间，传达自己的命令。“彩虹女神走了进去，用手把挡路的梦影拨开，她的衣裙照明了可怜的洞府。睡神这时酣睡正浓，眼皮都抬不起来，屡次起身，屡次又倒头睡下。”①莫菲在熟睡，她不知道彩虹女神正端坐在云端，即将向自己传递来自天后的指令。

赫尔墨斯是男神，但作为商业之神，我更倾向于是女版的赫尔墨斯，是“女神”。因为商业买卖只有你情我愿才行，也只有“约定”，才能保证商业活动进行下去。阿波罗用蛇杖、五十头牛和赫尔墨斯里拉琴做交换，在旁人眼里觉得不公平，甚至认为是赫尔墨斯耍伎俩，但这也是阿波罗心甘情愿的，赫尔墨斯并没有强逼着阿波罗去交换。因此，卢梭在《社会契约论》中批驳强力不构成权利，人们只是对合法的权力才有服从的义务。“总需追溯到一个最初的约定”，也只有“约定”，才具有合法性。“社会秩序乃是为其他一切权利提供了基础的一项神圣权利”。② 既然是大家商量，是“约定”，非使用暴力，那么商业之神是“女神”才符合我们的想象。

有商业活动，有货物物品的进出，就会有海关。朝仓弘教先生在《世界海关和关税史》中说，海关的产生，一是基于有商业活动，二是有主权国家，讲得十分精辟，将千百年来海关存

① 转引自美柔汀：《博物馆里的神秘花园》，中国青年出版社 2017 年版，第 118 ~ 119 页。

② ［法］卢梭：《社会契约论》，何兆武译，商务印书馆 2005 年版，第 4 页。

在的基本规律说得十分清楚。倘若只有商业活动，没有主权国家，收取过路费的只能是强盗或海盗。[①] 亚当·斯密感慨说“海关意味着按习惯收税”，从何时开始，准确时间已无从考证。人类摆脱自然状态，通过社会契约，进入社会状态，这时形成国家和政府，收取过路费才具有了合法性。由于海关和商业活动息息相关，某种意义上是相伴相生、唇齿相依，因此各国商业活动和海关标志中通常都暗含有商业的符号，赫尔墨斯神也成为商业活动和海关的象征。

加拿大曼尼托巴省议会大厦顶端有一座金色男孩的雕像，面向红河和阿西尼博尼河，一手执火炬、一手捧着麦穗，风驰电掣，在温尼伯这个城市中心十分醒目。这尊雕像实际上是赫尔墨斯神像，寓意温尼伯曾经是繁华的商业城市。20 世纪初，温尼伯河流密布，铁路运输也很发达，加上那时温尼伯的很多建筑灵感都源于美国芝加哥，因此，温尼伯被称为北美的“芝加哥”，在红河和阿西尼博尼河交汇处的著名旅游景点福克斯（Forks），有许多废弃的码头和仓库，可以想象它曾经的繁华。一座城市将赫尔墨斯作为标志，可见其神一样的高贵地位。在中国，海关关徽也十分生动地诠释什么是海关、海关和赫尔墨斯神的关

---

① ［日］朝仓弘教：《世界海关和关税史》，吕博、安丽、张韧译，中国海关出版社 2006 年版，第 1 页。

联。我国海关关徽由金钥匙和商神杖组成，金钥匙代表新中国收回海关主权，国家大门钥匙掌握在自己手中，钥匙上的三个齿分别代表新中国成立之初海关的监管、征税和查私三大任务；借用赫尔墨斯神的商神杖，寓意商业和国际贸易活动。海关和“女神”紧密联系在一起。

“女神”蒙羞

讲到中国海关关徽产生，和一段屈辱的“女神”蒙羞历史有关。

人类文明历史如果从农业革命算起，可以追溯到12,000年以前，但人类全球交往的历史实际上始于大航海时代，始于15世纪末的哥伦布发现美洲和达伽马发现从西欧绕过好望角到达亚洲的航路。因此，费尔南德兹·阿梅斯托《1492：那一年，我们的世界展开》一书中说：“我们置身的现代世界绝大部分始于1492年……从此以后，旧的世界得以跟新世界接触，借由将大西洋从屏障转成通道的过程，把过去分立的文明结合在一起，使名副其实的全球历史——真正的‘世界体系’——成为可能”①。

① 转引自李伯重：《火枪与账簿——早期经济全球化时代的中国与东亚世界》，生活·读书·新知三联书店2017年版，第51页。

由此，国家和国家之间的贸易、资金和人员才开始全面、多向流动起来，才真正开始了全球化的进程，人类历史才摆脱了国别和地方的历史，进入世界历史。马克思在《〈政治经济学批判〉导言》讲得很精辟："世界史不是过去一直存在的；作为世界史的历史是结果。"① 马克思、恩格斯在《德意志意识形态》中也说："各个相互影响的活动范围在这个发展进程中越是扩大，各民族的原始封闭状态由于日益完善的生产方式、交往以及因交往而自然形成的不同民族之间的分工消灭得越是彻底，历史也就越是成为世界历史。"②

早期全球化国际贸易的主要模式是，西欧和日本商人用从美洲获取的大量白银来购买中国生丝和丝织品、瓷器、茶叶、蔗糖，西欧商人还把东南亚的香料等产品运往中国，这成为当时东亚乃至世界上的一种主要国际贸易模式。在 17 世纪，来自不同国家的移民在墨西哥城建立了自己的移民社区，其中亚洲的移民就有 5 万～10 万人，他们将白银源源不断地运往欧洲，换来东方的商品。诗人巴尔布埃纳 1604 年的诗作《墨西哥的伟大》中写道：

---

① 《马克思恩格斯选集》（第 2 卷），人民出版社 2012 年版，第 710 页。

② ［德］马克思、恩格斯：《德意志意识形态》，人民出版社 2013 年版，第 32～33 页。

在这里，

西班牙与中国结合在一起，

意大利与日本结合在一起，最后

全世界的贸易与秩序也结合在一起。

在这里，我们享受西方一等一的财宝；

在这里，我们获得东方创造的所有光彩的精华。[①]

在早期全球化时代，出现了一些各国商人聚集的港口城市。中国舟山群岛的双屿港（今舟山六横岛）是当时的国际贸易中心，被日本学者藤田丰八称为“16 世纪的上海”。葡萄牙人平托于 1541 年游历了双屿港后在《远游记》中写道：“城镇上有 3000 人，其中的 1200 人为葡萄牙人，剩下的是各个国家的基督教徒”“双屿比印度任何一个葡萄牙人的居留地都更加壮丽富裕。在整个亚洲，其规模也是最大的”。[②] 据平托记载，港内可以容纳数百条船。在双屿港被摧毁前，有 3000 多名居民，其中 1200 名为葡萄牙人，其余为中国、马来西亚、占城（今越南中部）、暹罗（今泰国）、婆罗洲（加里曼丹岛，位于东南亚）、

① 转引自李伯重：《火枪与账簿——早期经济全球化时代的中国与东亚世界》，生活 · 读书 · 新知三联书店 2017 年版，第 56 页。

② 转引自李伯重：《火枪与账簿——早期经济全球化时代的中国与东亚世界》，生活 · 读书 · 新知三联书店 2017 年版，第 79 页。

琉球等国人。有1000余座房屋，2所医院，6～7所教堂，1所仁慈堂；等等。当时葡萄牙的贸易额超过300万金葡元，而且还经营着对日的转口贸易，获利高达3～4倍。有人甚至认为，这是世界上最早的“自由港”，比世界公认最早的意大利热那亚湾的里南那自由港（公元1547年）还要早，并且持续长达20多年。①

在中国和世界各国的世界贸易中，中国始终是主导者，也是贸易的获益一方。中国输出的主要是丝、茶、糖、瓷器等，输入的主要是产于南洋群岛的香料等产品。当时东南亚经济发展水平不高，对中国产品的需求有限，而香料出口到中国到了一定峰值后增加余地不大。而西欧、日本对中国产品的需求巨大，但没有多少产品在中国市场上有销路，西方世界对华贸易中巨大的贸易逆差不可避免。16世纪以后，美洲和日本的白银开采填补了这个差距，全世界的白银源源不断地流向中国。“中国皇帝能够用从秘鲁运来的银条建一座宫殿，这些白银的运出都没有登记，也未向西班牙国王缴税”。②

明朝很长一段时间实行海禁政策，禁止从事对外贸易。

① 转引自李伯重：《火枪与账簿——早期经济全球化时代的中国与东亚世界》，生活·读书·新知三联书店2017年版，第80页。

② 转引自李伯重：《火枪与账簿——早期经济全球化时代的中国与东亚世界》，生活·读书·新知三联书店2017年版，第94页。

1684年（康熙二十三年），清政府设立粤海关、闽海关、浙海关和江海关，始允许对外贸易。1759年（乾隆二十四年），又限定广州为唯一对外通商口岸，实行“一口通商”政策。1759年清政府《防范外夷规条》出台，全面管制对外贸易，规定了十三行制度，负责和外商从事贸易。经历了工业革命的西欧列强觊觎中国市场，清政府推行封建落后的行商制度，统制贸易的政策满足不了西欧列强的胃口。既然求爱不成，就拿着枪逼你就范。1840年鸦片战争实质就是列强逼迫中国打开市场的大门，是“女神”百年屈辱的开始。往事不堪回首，“女神”被逼迫低下了高昂的头：

开埠通商

1840年鸦片战争，被迫开放广州、厦门、福州、宁波和上海5处为通商口岸。1858年《天津条约》，又先后开放了天津等7个沿海口岸和汉口等4个长江口岸，到20世纪30年代，中国通过签订条约形式被迫开放和自行开放的口岸达到110个，除山西、贵州、陕西、青海、宁夏等少数省份外，中国绝大部分的省份都有了多个通商口岸。

关税主权丧失

中美《望厦条约》第2条规定：“倘中国日后欲将税例变更，须与合众国等官议允”，从此实行协定关税，中国无关税自主权。1843年中英片面商议中国进出口货物税则，第二次鸦片战争签订《天津条约》，确定了“值百抽五”的协定、抵税原则，并据此修订税则。

海关行政管理权旁落到洋人手里

1853年小刀会起义，占领了上海县和江海关，海关工作停顿，外商拒交关税，英美法三国领事设立关税管理委员会，1855年李泰国出任江海关税务司，1859年任总税务司。中国海关被西方列强夺走了行政管理权，清政府实行总税务司制度57年（1854～1911年）。

“女神”是一国主权的象征，“女神”不在，国将不国。美国国家独立前，英国在北美建立了13个殖民地，制定《航海条例》，规定为英国提供原材料和商品，禁止殖民地发展经济和对外贸易。1673年，英国议会通过了《殖民地关税法》，设立关税征稽官和督察员，设立海事法庭，可不用陪审团审理走私案件，设立南北两个关税管理区，形成了北美关税管理体系。美利坚合众国成立后，1787年《美国宪法》第1条中就明确规定，国会有权规定和征收税款、关税、进口税和货物税，以偿付国债、提供合众国共同防务和公共福利，但一切关税、进口税和货物税应全国统一。1789年7月4日通过《关税法案》，该法案又被称为“第二部独立宣言”，该法案第1条明确规定“鉴于支持政府清偿美国债务并鼓励和保护制造业的必要性，规定对进口的货物、物品和商品支付关税”。1789年7月31日，法案生效后的第二天，美国海关诞生，国会批准在11个州设立59个海关。有感于海关主权的重要性，汉密尔顿在《联邦党人文集》中写道："一个国家没有税收是不能长期存在的。如果没有这个重要支柱，它就一定会丧失独立，降到一个省份的地位。没有一个政府会选择这条道路。因此，无论如何税收是非有不可的。"①

"女神"在流泪……

为"女神"安一个家

1861年，清政府总理各国事务衙门成立，将海关划归其管辖。1906年，清政府改革官制，首设税务处，将全国海关划归其管辖，但海关事务和人事任免仍由总税务司署和外籍官员掌控。其时，户部尚书、督办税务大臣铁良，外务部右侍郎、会办税务大臣唐绍仪等人面对"海关行政之权。尽操诸外人之手，而外人犹籍口中国无海关专门人才"的困境，联名向朝廷奏陈设立税务学堂的紧迫性和必要性，并得到朝野一致认同。经过税务处两年的筹备，中国第一所海关教育学校——税务学堂于

① ［美］汉密尔顿、杰伊、麦迪逊：《联邦党人文集》，程逢如、在汉、舒逊译，商务印书馆2004年版，第101页。

1908 年诞生。1911 年辛亥革命爆发，次年中华民国成立、清帝逊位。1913 年，税务学堂经北洋政府教育部承认具有大学资格而改名为税务专门学校（以下简称税专）。从此，“女神”有了自己的家。

“女神”的家和一个人有关，他就是唐绍仪。唐绍仪是一个传奇人物，新中国成立后，毛泽东主席曾在一篇文章中提道“干部要能上能下，上能做内阁总理，下到能当中山县长”，而这位能上能下的人，就是民国第一任内阁总理唐绍仪。唐绍仪 12 岁时，成了 120 名留美幼童之一，在美国留学期间，他先后完成了小学和中学学业，后又考入哥伦比亚大学学习。回国后，唐绍仪先被分配到天津水师附设的洋务学堂读书，1882 年唐绍仪又被安排到德国人穆麟德身边作随员，并共同前往朝鲜襄助办理海关事务。入朝第三年，恰逢甲申政变，唐绍仪临危不惧，持枪坚守穆麟德住宅，和时任帮办朝鲜军务的清朝驻军将领袁世凯结为莫逆之交。随着袁世凯在清廷地位的不断提升，唐绍仪先后被袁世凯推荐任用多个职位，具体做过天津海关道、全权议约大臣（赴印度与英国代表谈判有关西藏问题）、外务部右侍郎、全国铁路总公司督办、税务处会办大臣、邮传部左侍郎、奉天巡抚、邮传部尚书等。袁世凯就任临时大总统后，任命 49 岁的唐绍仪为第一任内阁总理。后因与袁世凯政见不和，辞去总理一职。1929 年，唐绍仪就任中山县训政实施委员会主席，在就职词中表示要用25年的时间，“将中山县建设成为全国各县的模范”。在此期间，他为政清廉，被称为布衣县长。唐绍仪和海关有一段渊源，不仅曾任天津海关道，在中山任县长时，还力主将中山县建成自由港。唐绍仪主张收回关税主权，培养自己的海关专门人才，他在清末主办海关事务时说：“此次奉命办理海关税务，实为收复税权之一大关键，且海关为中国的海关，聘用洋员自应归中国节制。今虽时事艰难，无所措手，亦当力任其难。”可以说，没有唐绍仪，就没有税务学堂，就没有“女神”的家。

税务学堂成立之际，就将关务人才之培养、收复关税主权为使命和责任，税专校歌表达了收回关税主权、恢复昔日“女神”之荣光的雄心壮志：

溯海禁之大开，撤我篱藩
破关税之壁垒，竭我源泉
创吾校而奋斗，同挽狂澜
荟英才而教育，还我关权
庆人才之辈出，成绩斐然
幸精诚无间，堪慰昔贤
愿吾侪之迈进，凌厉元前
好男儿齐努力、齐努力、努力、努力，猛着祖鞭

美哉税专，学研懋迁，辅以经济，仰高钻坚

美哉税专，黾勉时艰，三育并重，乐群志专

致知力行，责在仔肩

一心一德勿迁延，一心一德勿迁延，图自强此蹄筌。

1928 年，税专成立 20 周年之际，时任国民政府主席的蒋介石为税专建校 20 周年题词“关税自主”四个大字。时任军事委员会副委员长的冯玉祥为税专成立二十年特刊作序：“降至前清末页，有识者渐知关税之重要，于是始有税务学堂之设，一培养专门人才，储为国用。比年来已颇著成绩。才彦有志之士，莫不负笈而至，学成而去，可谓盛矣。”1934 年，时任国民政府财政部长、中央银行行长的孔祥熙在税专演讲：“你们的责任既然如此重大，应当不只念了书本内的书即算了事，于书本外敦品励行，一切作人，一切救国的方法最为紧要……要使将来关权完全收回了，我们自己办理的比外人还好，那便是国家之利、本校之荣。”

税专四十余年办学，培养了无数优秀人才，举不胜举。有爱国爱教的典范吴耀宗、被毛主席称为“丁海关”的丁贵堂，被誉为“缉私大王”的左章金，通晓 8 种语言的谢仍华，海关学校创始人冯华全，调查《跃进号》沉没建奇功的谭冠法，带领我国船舶工业走向世界的柴树藩，航运界杰出校友左文渊，我国核工业第一代创业者袁成隆，人口学家邬沧萍，开拓中美贸易的陈克昌，哲学教授王锐，中国工程院院士刘广润，中国第一代航标专家李汶，联合国亚太经社组织官员储国枢，中国台湾地区海关1950～1957年的历届“总税务司”方度、张申福、曲树祯、王树德、袁宝壁、郑钦明等均为税专毕业生……1912年，海关高中级职员中，担任总税务司、副总税务司、税务司、副税务司和四等以上帮办的关员，洋人有309人，华员仅26人，而副税务司以上无华人担任。而到了1947年，海关帮办以上关员462人，其中华员430人，占93%。1948年，海关税务司45人，华人40人，税专毕业生37人；在全国海关中高级关员中华人与洋人比例相易，华人362人，洋员28人，基本实现了华员代替洋员目标。1949年10月，新中国海关总署成立，税专人在各业务处室承担重要责任，处长以上主管10人中，其中8人由税专毕业的老海关人担任。

税专众多优秀毕业校友中，丁贵堂是不得不说的人物，可以称为“女神”中的“男神”。

丁贵堂，1891年11月18日出生于辽宁省海城县丁八里村。童年帮助父兄务农，10岁入私塾读书，1911年春考入奉天政法学堂，后转考北京税务专门学校，1916年3月毕业，7月被派往安东海关任见习生，1917年8月升任帮办。1919年秋调北京总税务司署从事打字工作，1923年升为汉文科帮办，后在总税务司任多职。1937 年 11 月上海沦陷后，负责筹划将总税务司署内迁重庆，遭到日本侵略者的阻止。1942 年 3 月 29 日，日本宪兵队以反日间谍行为逮捕了丁贵堂等人。经过 1 个月的严厉审讯、辱骂、殴打，他始终拒不承认是“间谍行为”，日本宪兵队在无证据的情况下，只得将其释放出狱，但仍受敌伪暗中监视。1942 年年底，佯称“血压增高，心脏病复发”以告假去老家养病为名，穿越日伪封锁线，辗转去内地，1943 年 2 月抵达重庆市。1943 年 3 月任总税务司署总务科税务司。6 月，总税务司梅乐和辞职后，他被委派为代理总税务司，此乃中国关员首次执掌海关领导权。上海海关学院浦西旧址汾阳路 45 号就是丁贵堂的宅邸。同年 10 月，前往新疆筹建海关兼任专员，1944 年 2 月设立迪化（今乌鲁木齐市）海关，兼任该关税务司。抗日战争胜利后，被财政部委派为“京沪区财政金融特派员办事处”专员，兼任江海关税务司和浙海关税务司及上海浚浦局局长。1946 年冬被调回总税务司署。1949 年上海解放前夕，丁贵堂毅然宣布自己决定留沪，因为对国民党电令远东最大的挖泥船“建设”号开往台湾地区，采取拖延消极之策，并竭力保护关产而被下令逮捕他。后因解放军兵临上海城下，汤恩伯仓皇逃跑，他才幸免于难。汤恩伯逃跑后，丁积极协助上海市军管会顺利地接管了总税务司署、江海关和浚浦局。1949 年，参加中国人民政治协商会议第一次会议。中华人民共和国成立后，他先后担任海关总署副署长、海关管理局局长，主持人民海关的建设，不遗余力。由于他熟悉海关事务，毛泽东在人民代表大会上曾直呼他为“丁海关”。

税专历任副校长都由英籍税务司担任，一般是税专所在地海关的负责人，大多有学术造诣，校长职务系兼职。首任洋校长邓罗（C. H. Brewitt-Taylor）是位享有盛名的汉学专家，最有名的是将《三国演义》翻译成英文。1927～1928年任副校长的阿萨巴德（E. Alabaster）是位法学专家，对中国法律有一定的研究，著有《中国法和诉讼复审程序略计》《关于中国刑法和同类性质论题的评注》等。1931～1933年任北平代理税务司兼税专副校长的文林士（C. A. S. Williams）有很高的汉学造诣，是亚洲文会终身会员，1922年曾获铭文学院儒莲奖金，著有《中国隐喻手册》《中国的表号艺术》《中国的进出口贸易》《海关语文津梁——海关及商用英语词汇》《中国产物便览》等许多著述。为保证教学质量，用重金聘请高水平的海内外优秀师资是税专的一贯做法。国内知名的任课教师中，有复旦大学数学系孙增庆教授，经济系杨尔瑆、漆琪生教授，上海交通大学轮机系主任王超教授，燕京大学的经济学黄宪儒教授，吴淞商船专科学校航艺学盛頡英教授，海关专家高仕融、萨本崇、黄裔图老师等。聘请的外籍教师有主教海事班正课的英籍教授克劳塞、意大利人安图利，外勤班主任琼斯（J. D. Jones）、俄国人若那突罗夫，讲进口税则的英国绅士富克斯，讲出口税则的德国人克利尼，丹麦籍体育老师安徒生（Anderson）等。

税专任课教师中最有名的教师是教授海关史课，后来成为大历史学家和汉学家的费正清。1929年费正清去牛津大学进修，在船上读了曾在中国海关工作30多年、又曾经当过总税务司赫德助手的、退休后研究中国外交史的马士（Morse）的三卷本《中华帝国对外关系史》，在马士的影响下，费正清决定研究海关的档案，并以此作为他的博士论文。在英国牛津期间，费正清拜访讨教了马士，并利用各条约口岸英国领事馆的档案，完成了《1850～1854年英国对中国海关创建的政策》的论文。1932年年初，费正清来华，一边进修汉语，一边跟随清华大学蒋廷黻进行研究工作。在上海，他结识了长期担任总税务司机要秘书的魏尔特（Wright）。魏尔特长期在中国海关任职，占有丰富的海关史料，他著的《赫德与中国海关》于1950年出版。1936年1月，他回到英国牛津，获得了博士学位，学位论文题目为《中国海关的起源》。这篇论文经过修改、补充，以《中国沿海的贸易与外交：1842～1854年通商口岸的开埠》为题，于1954年出版。马士、魏尔特、费正清成为中国海关史研究的三位绕不开的著名学者。据税专学生回忆，费先生曾于1930年9月至1934年6月（此处授课时间可能有出入，费正清1932年曾来上海，1936年回到英国。——笔者注）在税专授课。

税专任课教师中最美丽的是英语教师项美丽（Emily Hahn），她是一个传奇，是第二个赛珍珠，是“女神”中的“女神”。

20世纪30年代英国作家哈莉叶特·塞金德在《上海》的专著中写道：“我接触的在上海的西方人，几乎人人都谈到艾米丽·哈恩，男人语带赞赏，女人的语气则有点尖酸刻薄”。[①] 有人统计，到30年代中期，在上海的西方人有6万人之多，有英国人、德国人、美国人、俄国人、意大利人，这还不包括日本人。这是一个什么样的人物呢？她是威斯康星大学工程系第一位获得矿冶工程学位的女毕业生，却一生未下过矿井采过矿；她曾去非洲探险，在一个侏儒部落中住了将近一年；她是《纽约客》资历最老的作者，长达67年，《纽约客》为她提供的写作室，一直保持到她去世；她和新月派诗人、民国四大文人之一的邵洵美的跨国恋情轰动一时，而她和邵洵美妻子盛佩玉友好相待，至今仍被人乐道；她曾吸食鸦片，但又勇敢地走出毒海；她是《宋氏三姐妹》的作者，是宋霭龄、宋美龄的闺蜜；林语堂、郁达夫、全增嘏、叶秋源等是她在霞飞路租住的公寓的常客；在日本占领上海期间，她和邵洵美一起编辑出版了具有抗日倾向的中英文杂志《自由谭》和《自由评论》；她和邵洵美合作将沈从文的《边城》翻译成英文；她是毛泽东《论持久

① 王璞：《项美丽在上海》，人民文学出版社2005年版，第1页。

战》的英译者，没有她用自己特殊身份做掩护，《论持久战》英译本不可能及时传播到西方；她一生写了52本书，其中2/3和中国有关，但最精彩的是她的一生。

税专学生撰文："回忆当年，这位容貌俊美，衣着华丽入时的美国妇人，步入课堂时，立刻引起全班同学的惊奇，谁曾想到学校里会冒出个电影明星般的人物。清脆的口音、高雅的文句、宛若诗歌朗诵，婉转动听。""有一次她脱去狐皮大衣，只穿件红色毛衣与我们学生玩打雪仗，被打得满头满身白雪斑斑，她毫不在意，反而欢笑之声不绝，兴奋非常。至今还记得在雪地里，这位金发碧眼红衣女郎，手中捏着雪球，气呼呼地奋力反击的美好形象。"凝视着她的旧照片，她的美丽形象跃然眼前。

税务学堂和税专办学40余年，熠熠发光，是旧中国高等教育的一朵奇葩。税务学堂设立时间早。同时设立的还有"清华学堂"，后改为"国立清华大学"，就是今天清华大学的前身，可以讲海关高等教育引领中国高等教育之先；税务学堂生源素质非常好。民国初年，大学生"毕业即失业"，税专毕业生则得天独厚，毕业后非但享有全部派往海关任职的保障，而且待遇可观，因此报考人数众多，录取率很低；税专毕业生十分优秀。在20世纪30年代至40年代的《海关职员录》中高级华员里，税专毕业生占多数；税专办学得到国际上的认可，20世纪30年代后期，美国最好的州立大学——威斯康星大学（费正清早年就读该校，后转入哈佛大学）作出决定，税专毕业生到该大学进修者，可以攻读硕士学位，这意味着税专毕业生水平和美国大学本科毕业生水平相当。毕业于威斯康星大学的税专前副校长聂普鲁（C. Neprud）曾致函威斯康星大学称：自己曾任税专副校长，深悉该校所授各门功课及学生水平，与美国大学相当，他本人可以作证，由此可见一斑。

母校65岁了

“女神”的家是110岁，还是65岁，是一个有争议的问题。

1908年，清政府为收回主权，由税务处创办税务学堂。在这封由税务处札行署总税务司裴式楷（ROBT EDWARD BREDON）请示税务处有关行政事务的公函旧海关史料中，是用“Customs College”来称税务学堂的。

No. 1501

Inspectorate General of Customs

Peking，29th April 1908.

Sir，

I circulate herewith，for your information and guidance，a Shui-wu Chu dispatch：

Notifying the opening of a Customs College: and the appointment of the Expectant Prefect Mr. Chenluan (陈銮), Assistant in the First Department of the Board, and of Mr C. H. Brewitt-Taylor. Commissioner of Customs, as its Directors. You will note that with a view to avoiding circumlocution. The Directors are authorized to address themselves jointly in matters connected with the College, in which the Inspectorate may be concerned directly to myself, the sanction of the Ministers of the Board in each instance having been previously obtained for the action proposed to be taken.

I am, etc.,

ROBT E. BREDON,

Acting Inspector General.

由此，税专毕业生认为税务学堂是“Customs College”，上海海关高等专科学校，乃至后来的上海海关学院英译也是“Customs College”，同为“Customs College”，一脉相承，因此，“女神”的家应该有百年历史，2018 年是它 110 岁生日。

无独有偶，2008 年 5 月 14 日，世界海关组织海关学术研究与发展伙伴（PICARD）第三届大会在上海海关学院举行，这份由世界海关组织秘书长达内先生亲自签发的荣誉证书是在这次大会开幕式上颁发的。荣誉证书称，为庆祝上海海关学院建校 100 周年并感谢该院百年来坚持实施高水平的海关专业教育所作的贡献，颁发此荣誉证书。证书全文如下：

World Customs Organization

The Secretary General of the World Customs Organization

Awards This Certificate

To mark the centenary of the founding of the Shanghai Customs College and to acknowledge the consistently high level of professional customs training Dispensed by the college during the one hundred years of its existence

Michel Danet

Secretary General

准确地说，中国人为“女神”安一个中国的家，已经有110年的历史了。“女神”新中国的家——上海海关学院有65年的历史，2018年正好65岁。这样讲，是因为海关是一个国家主权的象征，在旧中国依然实行总税务司制度，关税管理依然要看洋人脸色的时候，很难说那个时候的税务学堂和后来收回海关主权的新中国海关学院是一个海关学院。1949年新中国成立后，被洋人窃取近百年的海关关税和海关行政管理权被收回，在这中国人扬眉吐气的历史时刻，国家副主席刘少奇1950年4月29日在天安门庆祝“五一劳动节大会”上讲话指出：“我们已把中国大门的钥匙放在自己的袋子里，而不是像过去一样放在帝国主义及其走狗的袋子里。”由此可见，新中国和旧中国不一样，新中国海关和旧中国海关不一样，新中国的海关学校和旧中国的税务学堂、税专不一样，“女神”的新家和老家不一样。

因此，我更愿意将上海海关学院看作税务学堂、税专的凤凰涅槃，是经历苦难中国的前辈们为将关税主权和海关行政管理权收回到中国人手中，用几代人的奋斗而换来的、来之不易的、完完全全中国人自己的海关高等学府，是“女神”一个崭新的家。“女神”的家，绝不仅仅是一个名字、一个符号，而是有血有肉、有灵魂、有精神的生命体，是一个不断成长的生命过程。她不会因为历史的暂时停滞而徘徊，也不会因为个人意志而改变生长的方向，更不会因为一时的困难而放弃生命向上的力量。我相信，只要有人类社会，只要有人类交往活动，她就会和人类在一起，她就是国家的重要象征符号，她就是“女神”的家。65 岁，对我们每一个个体来说，已经进入老年，而对于她来说，新的生命才刚刚开始，人类的交往活动需要她、国家的强盛需要她、民族的复兴需要她，我们每个人也离不开她。她才走上新时代的舞台，大舞台的中央还等着她。

65 年，她走过了一段不平凡的历程

1949 年，中华人民共和国海关总署成立，海关事业百废待兴。海关总署明确提出“筹备海关干部学校，培养新式海关工作人员”的工作要求。1951 年 4 月 10 日，第一期海关总署干部训练班正式起印办公。至 1952 年 6 月 3 日，干训班共开办两期，培养海关人才550人，为新中国海关建设作出不可磨灭的历史贡献。

1952年年初，为适应国家对外贸易事业和海关工作需要，鉴于干训班的成功经验，海关总署（当时为对外贸易部直属机构）决定在干训班基础上，创建上海海关学院，招收初中毕业、年龄在16～25岁的青年学生，把他们培养成为具备高中学历、掌握海关业务知识和外语的海关干部人才。

1953年9月14日，对外贸易部上海海关学校正式成立。学校最初借用上海海关大楼，后迁至汾阳路45号，上海海关关长贾振之兼任首任校长。

上海海关学校受海关总署和高等教育部双重领导，是一所中等专业技术学校。学校的办学宗旨：为全国海关培养德才兼备、德智体全面发展的中等专业人才。培养目标：政治坚定、业务专练、作风文明、体魄健壮，具有普通教育的文化水平和海关业务基本知识、掌握一种外国语基础知识的海关干部。

学校设立海关管理专业，学制两年半。课程以对外贸易、海关任务与组织、货运管理、查禁走私、征税业务等专业课为主，兼修政治、语文、外语等。教育模式借鉴苏联海关先进经验。

“文化大革命”前，学校招收9届学生，其中1～7届招生对象为初中生，前4届3年制。1960年秋起该学制为4年制。1964年开始招收高中生，学制改为2年半。招生对象和学制的变化是为了进一步提高毕业生质量，更好地适应海关工作发展的需要。

1953～1966 年的 13 年间，学校共培养 1118 名毕业生，一部分毕业生分配到海关工作，从沿海、内地到边疆都留下他们的足迹，成为各地海关的业务骨干。另一部分毕业生被分配到外贸系统和其他部门，也在各自岗位上作出杰出贡献。学校在社会主义建设初期，为国家培养了一大批得力干部，为社会输送了大量优秀人才。

1966～1978 年，因学校停办，中国海关教育也随之被迫中止长达 12 年之久。人才源泉枯竭，致使全国关员人数骤减，对海关和国家外经贸事业发展造成严重的负面影响。

“文化大革命”结束后，国家工作重心转向经济建设。面对海关事业停滞和关员紧缺的局面，1978 年 4 月，对外贸易部批准学校复校，校名暂定为“上海海关干部学校”。9 月 15 日，对外贸易部下文正式启用“对外贸易部上海海关学校”印章，恢复学校建制。

1979 年 4 月 7 日，对外贸易部决定将学校更名为“上海海关专科学校”，并向教育部申报学校升格大专。9 月 14 日，复校后首届 32 名大专学生入校。

1980 年，国务院作出改革海关管理体制的决定，全国海关归中央统一管理，成立中华人民共和国海关总署，为国务院直属机构。作为肩负海关教育、培养高素质海关人才的海关学校也迎来发展机遇期。同年5月8日，国务院批准以上海海关学校为基础，成立上海海关专科学校。总署要求学校按高校办学标准，尽快充实和加强师资、设备和校舍等办学条件，以保证教学质量、培养合格专门人才，为“四化”做出贡献。

1996年4月，国家教委批准同意学校更名为“上海海关高等专科学校”。

2005年3月，教育部办公厅正式致函海关总署办公厅，同意筹建“上海海关学院”，筹建期为两年。

2007年3月19日，教育部致函海关总署，同意“在上海海关高等专科学校基础上正式设立上海海关学院”。

2007年5月24日，经中央编制委员会批复，学校更名为“上海海关学院”。

2007年6月6日，时任上海市委书记习近平、海关总署署长牟新生出席学院成立大会，共同为学院揭牌。时任上海市长韩正代表市委市政府致辞。

2007年6月11日《人民日报》报道：

经教育部批准，上海海关学院近日在上海挂牌成立。这是我国唯一一家系统设置海关类专业的本科院校。

新成立的上海海关学院直属于海关总署，其前身是1953年设立的上海海关学校，后来更名为上海海关高等专科学校。该校今年将首次面向全国招收法学（海关法律方向）、经济学（海关关税方向）、工商管理类（物流与海关监控方向）本科生200名。

2012年12月，学院被国务院学位委员会正式批准为“服务国家特殊需求人才培养项目”——学士学位授予单位开展培养硕士专业学位研究生试点工作单位。

2018年5月10日，中华人民共和国国务院学位委员会公布，上海海关学院获得硕士授予单位授权，同时获得税务硕士和公共管理硕士两个学位授权点。学校发展进入新的发展阶段。

她培养了一大批优秀人才

上海海关学院建校65年来，为新中国海关培养了一大批优秀人才。其中包括一位海关总署署长（钱冠林）、四位副署长（刘文杰、端木君、鲁培军、孙毅彪），还有一大批海关中高级领导干部和业务骨干。据统计，在检验检疫职责和队伍划入海关之前，全国海关5万多人的在职关（警）员中有上海海关学院学习经历的人员共有5754人，其中厅局级干部43人，处级领导干部431人，科级领导干部1553人。

曾任海关总署党组书记、署长、国家税务总局副局长的钱冠林，1962 年 9 月至 1967 年 10 月，在上海海关学校、上海对外贸易学院英语系学习。毕业后，先后在广州海关任副关长、海关总署广东分署主任、海关总署副署长、署长、国家税务总局副局长、党组副书记等职。他是中共第十五届中央委员会候补委员、中共第十四届中央纪律检查委员会委员。他在任时，为学校迁址浦东以及决定办本科教育发挥了重要作用，1997 年 10 月，总署党组研究决定“在上海海关高等专科学院的基础上实现专升本”。曾任海关总署副署长的刘文杰，1962 年 9 月至 1967 年 9 月在上海海关学校学习。毕业后，先后任广州海关干部学校党委副书记、九龙海关关长、海关总署广东分署主任、广州海关关长、海关总署副署长等职。曾任海关总署副署长的端木君，1962 年 9 月至 1967 年 8 月在上海海关学校、上海对外贸易学院英语系学习。毕业后，先后任太原海关关长、海关总署调查司司长、海关总署副署长。曾任海关总署副署长的鲁培军，1982 年 9 月至 1984 年 8 月在上海海关专科学校第一期干部专修科海关管理专业学习，曾先后任浦江海关关长、合肥海关关长、上海海关关长、海关总署政治部主任、副署长、党组副书记。他在任期间，为学校办本科教育和学校发展发挥了重要作用。曾任海关总署副署长的孙毅彪，1982 年 9 月至 1984 年 8 月在上海海关专科学校第一期干部专修科海关管理专业学习，曾先后任宁波海关副关长、南宁海关副关长、杭州海关副关长、合肥海关关长、南京海关关长、上海海关关长、海关总署副署长。

她有一批追逐“女神”的追梦人

上海海关学院建校65年来，涌现了一大批为海关教育事业发展默默奉献的辛勤园丁。对学校发展作出重大贡献的有海关史专家叶松年教授，第一任校长贾振之，曾任校长的董晓、李寿慈、张超，副校长和代校长的冯华全。其中叶松年教授对海关专业建设作出了重要贡献，1981年他主编的《中国海关概论》《外国海关概论》等教材，填补了海关专业领域空白。他的学术专著《中国近代海关税则史》最有影响，是海关史研究的重要著作。2007年上海海关学院升本前后，先后从复旦大学聘请了宁钟、何力、陆效用、胡涵钧、赵渭荣等教授来学院授课，还从上海大学调入王文华、凌国平、顾训穰等教授，从华东理工大学调入林正国、陈文江教授，还从全国各地引入了一批正当年的教授学者，校领导中调入了华东政法大学肖建国教授、上海大学丛玉豪教授、华东理工大学石良平教授和上海财经大学干春晖教授。此外，学校还充分利用国际海关大学联盟的资源，邀请了国际上知名的海关专家，包括德国明斯特大学的沃尔夫冈（Wolffgang）教授、澳大利亚堪培拉大学的威多森（Widdowson）教授、英国诺丁汉大学的格兰杰（Grainger）博士等。这其中，范家材教授是我最尊敬、最有知识分子风骨、最能体现大学精神的学者。

范家材教授，1930年出生于上海。先后八年，就读于（上海）沪江大学、（北京）燕京大学，毕业于（上海）复旦大学外语系英美语言文学专业，进修于（美国）柏克莱加州大学（U. C. Berkeley）。1986年春，组织并陪同我国中央芭蕾舞团在美国14个州访问演出。自2002年起担任《英汉大词典》（第2版）顾问委员会委员。范教授的主要代表性著作有《英语修辞赏析》《英语分类阅读珍萃》《词苑撷英》《国际商务英语选读》等。

在《英语分类阅读珍萃》《词苑撷英》中，范家材教授反复告诫学习英语要走好以下三步路：（1）理解；（2）背诵；（3）“英意译”（paraphrase）。我英语基础一般，也非英语专业出身，求学过程中也吃过英语的亏。2000年范家材教授退休前，为准备博士入学英语考试，我冒昧地征得先生同意去听了先生的一堂英语授课。我记得先生讲的是古希腊俄狄浦斯杀父娶母的故事，他请同学叙述故事的梗概，一一去肯定、赞赏、批评、反思……范老师的授课真的是达到了从silence，到question，到dialogue，到critical，最后到debate的最高境界。听完课，有一种“lost in the language”的幸福感。我突然发现，我听的不仅是一堂英语课，而是哲学课、历史课、文学课、美学课，更是人生课。正如朱嘉麟老师撰文所讲的，“范先生知识渊博，人文、艺术、历史、宗教均有心得。他讲课由表及里，融语言和文化于一体。他的英语讲述清晰典雅，使人在英语中感受英语、温习英语、习得英语。他诠释文本的

‘英译意’（paraphrase）功夫堪称一绝，一句话时有平常、正式和非正式三个风格可资体悟”。

2013 年，83 岁的范家材教授出新著《三维英词》，2017 年，范家材教授虚岁 88 岁，又推出新著《英文修辞》，他都托人转交给我。我手执新书，难以平复不平静的内心，我想象不出范家材教授的精神世界是一个什么样的世界，他在年逾古稀的年龄，是什么力量在驱使他不停地思考、不停地耕耘。我想他一定是把个人的生命和对学术的追求、对真理的追求结合在一起了，“小我”在“大我”中得到了升华、得到了永恒。直到有一天，我读到了他纪念陆谷孙教授的文章《义命自持，屹立不动》，我似乎明白了，他在讲陆谷孙教授，也应该是在讲他自己。

范家材教授回忆，自己 1951 年从燕京大学抗美援朝参军，1955 年转业，作为调干生，复学复旦大学外文系。因为不愿和心上人划清界限，1958 年 5 月，遭到批斗。1960 年毕业后，派到高教农场。1978 年，中央决定右派改正，经调查才发现自己是个“编外右派”，一个人最美好的青葱岁月就这样被无情夺取了。劫后余生，是陆谷孙教授扶范家材教授重拾学术，无私帮助他出国访学，挽回学业。不仅于此，还厘清真相，彻底给范家材教授平反。“我的劫后余生，就是依靠了谷孙的仗义扶持，才能恢复尊严，驽马十舍，得以追随左右。”范家材教授说，陆谷孙的逝世为什么牵动四海之内这么多人的心，原因是他的精神高度：义命自持，屹立不动。“‘义’，是他毕生崇奉的公正平等。‘命’，是高悬于天、绝非尘世间碌碌众生所能把握的宿业，是人力不可为的天意。但两者难以调和。是义无反顾、仗义执言，还是安天乐命、听天由命？这是两种世界观的不同导向，存在尖锐分歧。他的选择，不是‘无为中有为’，而是‘知其不可而为之’（《论语·宪问》）。”“‘屹立不动’，就是守正不阿，百折不回，‘亦余心之所善兮，虽九死其犹未悔’。身处矛盾中，如何亦慈亦让，而又不苟不随、砥砺风节呢？那就是‘坚疆而不暴，柔从而不流’（《荀子·不苟》），即情绪的抒发有理性的调节，拿捏好‘情理相得、刚柔相济’的尺度。”①

好一个“义命自持，屹立不动”，这不也是范家材教授的精神家园吗？虽受尽苦难，仍向往美好，视追求学术和真理为人生最高目标；嘘寒问暖、提携后辈，一如陆谷孙教授帮扶范先生；守正不阿、心底无私天地宽，这是何等的高尚人格！如朱嘉麟老师所言，对海关学院来说，拥有范家材先生又是何等的幸运；对我来说，认识范家材先生是何等的幸运；对海关学院的学生来说，做范家材先生的学生是何等的幸运，又是何等的幸福！

---

① 范家材：《义命自持，屹立不动》，载《东方早报》上海书评栏目，2016年9月4日。

“女神”的微笑

我一直想象着“女神”的样子，想象着有一天“女神”历经风雨沧桑、又见彩虹，露出微笑的样子。我想到了达·芬奇的“蒙娜丽莎”的微笑，也想到了维米尔的“戴珍珠耳环的少女”的微笑，哪一个才是“女神”的微笑呢？

“蒙娜丽莎”似笑非笑，直视“蒙娜丽莎”的嘴巴，会觉得她没怎么笑。然而当看着她的眼睛，感觉到她脸颊的阴影时，又会觉得她在微笑。有人说，“蒙娜丽莎”的微笑中，含有83%的高兴、9%的厌恶、6%的恐惧、2%的愤怒。她端坐在那里，一动不动，微笑地看着你。她好像看透了一切，没有什么能够躲避她。好像“女神”藏在背后，不轻易出场，慌的也是你，不是“女神”。

“蒙娜丽莎”，意大利的名字是“吉奥孔达夫人”。当时佛罗伦萨的贵族吉奥孔达委托达·芬奇，为他第三任妻子画一张肖像画。原来是一件单纯的人物肖像画，画着画着，达·芬奇开始思考“人”的问题。“面前的这个女人，美丽吗？美丽可以存在多久？她喜悦吗？因为喜悦，所以微笑。而微笑可不可能传达忧伤？”他同时画着两幅画：一张是《吉奥孔达夫人》，另一张是《自画像》。他或许也在问自己："吉奥孔达夫人有可能就是我吗？"于是我们发现，"蒙娜丽莎"没有眼睫毛、眉毛，她是女性，好像又不完全是。我们在《蒙娜丽莎》谜一样的笑容下发现隐藏着达·芬奇的自画像……

"蒙娜丽莎"不是特定人物的肖像画。达·芬奇关心的是"人"，不是"吉奥孔达夫人"，也不是他自己；关心的是理想中完美的"人"，"蒙娜丽莎"是完美的化身，它的每一个地方都严格地追求着1∶1.618完美的比例；关心的是现实中"人"的忧伤，完美中的不完美。

这不正是我追逐的"女神"完美的样子吗？

我又想到了"戴珍珠耳环的少女"，"她犹如黑暗中的一盏明灯，光彩夺目。画中的少女侧着身，转头向我们凝望，双唇微微开启，仿佛要诉说什么。她闪烁的目光流露殷切之情，头稍稍向左倾侧，仿佛迷失在万千思绪之中"。"戴珍珠耳环的少女"似笑非笑，惊鸿一瞥的，还有少女左耳佩戴的一只泪滴形珍珠耳环，那是点睛之笔，是圣洁的象征，在少女颈部的阴影里似隐似现。

"戴珍珠耳环的少女"隐匿在黑暗中，如隐匿在历史长河中的圣洁珍珠，被人忽略，不被理睬，但她就在那里，静静地看着我们，像一盏明灯，照着一条走过的路，走过的我们；她想要倾诉什么，欲言又止，就好像不想揭开伤痕，破坏宁静中的一切美好一样。她殷切地看着我们，似乎想要嘱咐我们什么，嘱咐我们一路走好，不要再伤痕累累，或是天渐冷了，别忘添加衣服……

而我呢，不愿就这样被她凝视，不愿她孤独地在黑暗中，不愿她的光彩被淹没，不愿她郁郁寡欢。我想把她拉出黑暗，把她从黑暗的角落拉到舞台的中央，让她开心微笑，让她的光芒照耀整个剧场，让所有人欣赏她的美，让她的美装扮所有人的美，让一切都变得更美好。

有人问我，为什么追逐“女神”？

或许，“女神的微笑”就是答案。

一个人能走多远，看他与谁同行；

一个人有多少素养，看他受谁熏陶；

一个人能有多少成就，看他受谁激励；

……

祝母校65岁生日快乐！

（2018年11月16日）

女神与海盗

在暗蓝色的海上，海水在欢快地飞溅，
我们的心如此自由，思绪辽远无边。
凡长风吹拂之所、凡海波翻卷之处，不可谓之不广。
量一量我们的版图，看一看我们的家邦！
这全是我们的帝国，权力及于一切，
我们的旗帜就是王杖，所遇莫敢不从。
我们野性的生涯，在喧嚣中延伸，
从劳作到休息，尽皆欢乐之时辰。

——拜伦：《海盗》

海关是从何时产生的，一直是一个争论的问题。朝仓弘教先生在《世界海关和关税史》开篇就说，海关的活动可以追溯到遥远的古代，这些地方一般都具备两个必要条件，即“商业活动的存在和公共政权或者至少是统治者或头领的存在”。因此，海关存在的第一个条件是有商业活动。海关和商业活动有关，没有商业活动就没有海关。海关存在的第二个条件是有公共政权。海关需要公共政权，“如果说关税是一种税收，那就一定得有公共政权和公共财政。这样才不至于把关税混同于赃物，不至于把海关的征税行为和海盗行为相混淆，尽管我们也得承认，在古代也有海关官员和海盗没有什么差别的案例”。海关和海盗皆获取财物，获取利益，甚至不惜动用武力，但二者的差别在于，海关具备商业活动和公共政权两个条件，而海盗只具备前者，而不具备后者。如果说现代海关完成了从古希腊的赫尔墨斯神逐渐演变成温柔的女神的人类进化史的话，那么海盗始终停留在前人类社会的野蛮状态，没有完成从猿到人的转变，而一部女神的进化发达史则是一部战胜海盗的历史。

为什么我是海盗，你是女神？

相传有名响当当的海盗曾告诉亚历山大大帝：“你夺取了整个王国，而被誉为伟大帝王。我只夺取船只，只是个低下的海盗”，言下之意，我们都是强盗，只不过我夺取的是商船，我成了海盗，而君王夺取的是整个国家，因而成为帝王。

实际上在古代，海盗并不是贬义词，它和商业几乎是一个意思，海盗劫取财物就像做生意一样是一个职业，甚至是一个骄傲的职业。《伯罗奔尼撒战争史》记载，在古希腊，海盗和游牧、农业、捕鱼、狩猎并列为五种基本的谋生手段，“海盗”一词并没有不好的意思，相反被认为是一种有益的、荣耀的职业，它比劳动所得更受人尊敬。罗马海盗将墨丘利神的权杖来装饰自己的船帆，这和海关将商神杖作为自己的象征一样没有任何区别。想一想，海盗收取保护费和海关征收进出口税，都是在“巧取豪夺”，形式上确实没有区别。但很有意思的是，发展到近代是什么产生了这种差别，一个是人人唾弃的海盗，而另一个成为人人向往的女神呢？这要追溯到现代政府合法性的来源。

按照启蒙思想家的逻辑推理，在人类社会产生以前，人类生活在野蛮和愚昧状态中，而文明的产生就是通过订立社会契约，个人放弃一部分权利，组成公共政权的过程。霍布斯认为，前政治状态的人类都是自然平等的，但是他们都是具有激情和欲望的，为了满足他们的欲望就要获取，人类不断地追求欲望的满足。为满足欲望就要有一定的手段，这种手段就表现为权力。这样一种获取权力的欲望没有止境，会给人类带来灾难，甚至困境：“任何两个人如果都想得到同一个东西而又不能同时享用时，那么这两个人就会成为仇敌；为了达到他们的目的……他们会尽力摧毁或征服对方。”这种情形导致人类的自然状态成了一场“一切人对一切人”的战争，这和海盗打家劫舍没有啥区别。但人类不仅是有激情的生物，又是有理性的，为了摆脱这种战争状况以及对死亡的恐惧，“于是理性就提出可以使人们达成协议的方便易行的和平条件”。他概括出自然法有三条原则，第一条就是和平，每个人都希望和平；第二条是为了和平，我们就要控制自己的欲望，就要放弃自己的一些权利；第三条就是要履行自己的承诺。这三条推导出必须要有主权者的存在，主权者是国家所有公民的代表，是唯一的合法来源。

正是为了摆脱蒙昧和恐怖状态，我们签订了契约，每个个体放弃了自己的一部分权利，我们获得了和平和安全，也永远脱离了自然状态，进入了人类社会，从一个愚昧的、局限的动物一变而为一个有智慧的生物。按照卢梭的话，作为交换，“集体的每个成员，在形成集体的那一个瞬间，便把当时实际情况下所存在的自己——他本身和他的全部力量，而他所享有的财富也构成其中一部分——献给了集体。”作为个体，获得是不受野蛮人的掠夺和侵袭，生命和安全受到保护。因此，国家或主权者向每一个个体征收税收，变得自然和合法，因为我们服从的不是一个强权或强力，我们服从的是自己，是自己权利让渡出去结合成的集体，从这个意义上我们每一个个体是不自由的，但又是自由的。“人类由于社会契约而丧失的乃是他的天然的自由以及对于他所企图的和所能得到的一切东西的那种无限的权利；而他所获得的，乃是社会的自由以及他所享有的一切东西的所有权”。

回到海盗对亚历山大大帝的质疑，亚历山大大帝可以理直气壮地回答海盗：“我因为约定，而被誉为伟大帝王。你仅知道强力，只是个低下的海盗”。

骷髅旗背后的规则

讲到约定，海盗并非没有约定和契约精神，只是这个约定只发生在海盗之间，骷髅旗背后也是有规则，让我们首先看一下号称 18 世纪“黑色准男爵”的英国海盗罗伯兹的《海盗章程》：

1. 每个人都有权就当前发生的事情进行投票；每次抢到战利品后，每个人都可均分新鲜的食物、烈酒，并且可按自己的意愿来享用；为了全体船员的利益，只在有需要做出牺牲的情况下，可以通过投票来决定厉行节约。

2. 每个人都会按名单上的顺序获得他们应得的甚至是更多的战利品，因为在这些时刻，他们是得到换装的允许的。但要是有人欺骗同伴，哪怕只是骗走了价值一元的东西，无论是金属、珠宝或者钱财，他们都会遭受放逐孤岛的惩罚。要是这样的事情只发生在两名船员之间，他们可以来一场打斗并且将那个骗人的家伙的耳朵鼻子撕下来，然后再将他丢在岸边——不是荒无人烟的地方，但肯定是些会让他不好过的地方。

3. 谁都不可以通过扑克牌或者骰子来赌钱。

4. 到了晚上八点，要熄灯和灭掉蜡烛；要是在八点之后，还有人要饮酒作乐，那他们必须到甲板上去。

5. 每个人都要让自己的工具、手枪和其他武器保持清洁、随时可用。

6. 女人和小孩不得上船。要是有人胆敢勾引妇女并且偷偷摸摸带她出海，我们就要处死这人。

7. 要是有人在开战时弃船而去或者擅离职守，他就要受到处死或者放逐的惩罚。

8. 不得在船上互相打斗，每一项纷争都应该在岸上通过手枪或者利剑来解决。

9. 在各自贡献够1000大元之前，谁都不可以谈论说放弃这种生活。要是在贡献够这么多之前，有人失去了四肢之一，或者变成瘸子影响了其工作，他可以获得800大元的补偿，如果受的伤没那么严重也可以相应地获得其应得补偿；这些补偿将从公共储备中提取。

10. 船长和舵手可以获得双份的战利品份额；大副、

甲板长以及火枪手，可以获得一份半的战利品份额；其他头目则可以获得一又四分之一份的战利品份额；其余个人均可获得一份战利品份额。

11. 乐手可以在安息日休息，但在其余六天中，无论白天黑夜，均须工作无任何豁免。

据考证，海盗章程起源于17世纪时西印度海盗在其船上奉行的“协议条款”，又被称为“追逐合集”，海盗们制定这些规则是为了“让其圈子内部可以有更好的对话，并且使彼此都获得公道对待”。海盗世界没有“国际法”，只有“国内法”，它是由习惯法和“海岸风俗”或者叫“牙买加纪律”的元规则组成的体系，由于这些规则是海盗在长期活动中逐渐形成的“行规”，且就像生物界的弱肉强食一样会形成海盗帮派，帮派之间会分享信息并形成类似的规则，这些不同海盗之间的章程条款具有高度的相似性。“这一伙人的规则……主要惯例以及负责管治这个无赖团伙的机构，和其他海盗的几乎就没有什么两样”。

海盗章程十分重要，“要是没有了（这些宪章），他们就会和没有地基的建筑一样支持不了多久的”。海盗协议条款需要有全体一致的意见，海盗们会在开始劫掠之前以民主的方式定好海盗章程。“所有海盗都要对着这些章程起誓”，有时则是对着《圣经》起誓，或者“在没有《圣经》的情况下对着斧头起誓”，“无论什么时候，任何人自愿登上这些船时，他们都必须签署所有的海盗协议条款”。这种约定是一种直接民主的方式，需要全体一致的同意，符合启蒙思想家“理想的契约”，若有个别海盗不同意，可以离开。

海盗章程在海盗治理中十分有效，让海盗世界变得十分有序，它有效地实现了三个目标：一是有效地防止了海盗之间的冲突，特别是定义了海盗船上的私有财产权，严厉惩罚偷窃、诈骗以及打斗等行为，避免了海盗之间恶行带来的自我毁灭；二是通过制定规则，加强监管，防止重大“负外部性行为”（个人某些行为的有害副作用）的产生，如酗酒、赌博、失火以及带女人、小孩上船等；三是提供有效的公共物品，制定规则奖励战利品，伤残提供保障等，最大限度地防止海盗消极怠工、“搭便车”现象的出现。

海盗治理如此有效和有秩序，以至于有人比喻为柏拉图式的“理想国”，但是这种约定和契约式的治理只是发生在海盗之间，缺乏政治合法性的来源，不具有现代政府治理的合法性。海盗“没有祖国，因着他们所犯下的罪行，他们与我们隔绝，并且摒弃了所有合法社会中的权益”，海盗“背弃了共同的人性，也不应享有天赋的各种权利”，就像“一头凶残疯狂的野兽，人人得而诛之，这完全合法”。

海盗改造的世界

人类史是一部交往的历史，而早期的人和人的交往、货物交换和贸易的往来，由于存在形形色色的大小邦国和部落，对来往商旅横征暴敛、“雁过拔毛”十分普遍，盗匪横行、杀人越货乃是常情。玄奘西行中就多次遇到盗匪，《大唐西域记》记载，一日，“同侣商胡数十，贪先贸易，夜中私发。前去十余里，遇贼劫杀无一脱者。比法师等到，见其遗骸无复财产”，由此可见一斑。大航海的到来，开启了全球化时代，国际贸易的发展推动了经济全球化，其中商人充当了重要角色。但一开始，海商和海盗之间没有明显的界线，“寇与商同是人，市通则寇转为商，市禁则商转为寇”，海盗和商人一样，改造了今天的世界。

首先，海盗影响了世界政治格局。海盗的历史可谓源远流长，可以说，有了海船，海盗就诞生了。最早关于海盗的记录，就是在发掘爱琴文明古迹的过程中找到的，大约为公元前1350年，这被记载在一块黏土碑文上。腓尼基人和迦太基人都是优秀的航海家，他们当中的一些人成了地中海海盗的鼻祖，其造船术和航海术遥遥领先于地中海的其他民族，但同时他们也是当时地中海横行无忌的海盗。据希罗多德所著《历史》记载，知名的特洛伊战争就起源于一次海盗劫掠事件。罗马帝国时期，帝国一直受到海盗威胁。早期的希腊海盗和小亚细亚海盗破坏了罗马和埃及之间的粮食供应，最著名的绑架勒索事件是凯撒被奇里乞亚海盗劫持，凯撒被扣留了一个多月的时间，获释后，凯撒彻底摧毁了海盗巢穴，350名被俘虏的海盗全部被钉死在十字架上。中世纪以后，

“北欧海盗”维京人足迹遍布欧洲大陆，南临红海，西到北美，东至巴格达，甚至深入到今天俄罗斯的腹地。经过几个世纪的征服，维京人改变了信仰，接受了基督教，并于公元911年在法国北部的诺曼底地区定居下来，以后诞生了很多诺曼国家，如英格兰王国、诺曼底公国、西西里王国、基辅罗斯、挪威王国、丹麦王国、瑞典王国等。同一时期的地中海，“红胡子”海盗巴巴罗萨建立了世界上绝无仅有的海盗王国——巴巴罗萨王朝，在长达三个世纪的历史时期，纵横于广阔的政治舞台上，改写了世界文明史。1691年至1723年是“海盗的30年黄金时代”，当时的海军、海盗和海商往往三位一体，可以说，和伟大的航海时代相伴的是大海盗时代，这一时期著名海盗有“黑胡子”船长爱德华·蒂奇、“黑色准男爵”罗伯茨，以及基德船长等，电影《加勒比海盗》描写了这一时期海盗的故事。英国17世纪后的崛起和海盗不无关系，霍金斯、雷利、德雷克等海盗巨头都是伊丽莎白女王的座上宾，伊丽莎白女王可以说是海盗集团的董事长，最大的股东。而美利坚合众国的崛起，特别是美国海军的从无到有、从弱到强和同海盗的斗争密不可分，《托马斯·杰斐逊与海盗》这本书详细描述了新生的美利坚合众国如何和阿拉伯海盗进行斗争并建立美国海军的这一过程。

其次，海盗改造了世界地理版图。海盗是最富有冒险精神的人，世界上的地理大发现都和海盗有关。中世纪的欧洲海盗——

维京人分为三支，挪威维京人向不列颠群岛和地中海附近，丹麦维京人向西欧大陆，瑞典维京人向东一直到俄罗斯地区，在长达几个世纪的征服中，维京人横扫欧洲。15 世纪地理大发现的哥伦布和海盗有一段交集，年轻的哥伦布对航海和来往于地中海的商船有浓厚的兴趣，25 岁以前，他在地中海的帆船上工作了 10 年，做过水手、也客串过士兵和海盗，他的个人履历上写着“1472 ~ 1476 年，参与海盗活动”，这不禁让人联想，哥伦布美洲地理大发现是不是和他海盗经历有关呢？至少，他返航的船上运载有“活商品”——印第安人，和海盗贩卖奴隶的行为没有差别。而继麦哲伦之后第二个环球航行的德雷克则是地地道道的海盗，德雷克 13 岁就跟其表兄豪金斯从事奴隶贩卖的三角贸易，1572 年他获得伊丽莎白女王颁发给他的捕掠西班牙船只的正式许可证，从此以海盗手段开始与西班牙的海上争霸。1577 ~ 1580 年，德雷克完成环球航行回到英国后，带给英国的不仅是所抢得的巨额物质财富，他还带给了伊丽莎白女王一件十分珍贵的特殊礼物——一幅地图，这幅地图详细记载了他三年来的远航历程。他的这幅地图后来被放在英国伦敦怀特霍尔街上的王家画廊中一个令人尊敬的位置，但非常不幸的是，1698 年发生的宫殿大火烧毁了地图。

最后，海盗改变了世界贸易流向。人类贸易的历史可以追溯到古希腊、古罗马时期，但真正的国际贸易发轫于 15 世纪大航海时代的到来，标志性事件是哥伦布发现美洲新大陆、麦哲伦的全球航行，由此形成了从西太平洋到印度洋、地中海的海上大通道，构筑了从欧洲到非洲，从非洲到美洲，从美洲到亚洲，从亚洲到欧洲的国际贸易圈，在这一全球贸易形成过程中，海盗的冒险精神发挥了重要作用。最早从事贸易探险的是所谓的“冒险商人”，他们兼具海盗和贸易商人两副面孔，筹集资金成立辛迪加式投资集团，组成贸易船队，从事海外贸易，又被称为“冒险商人公司”。这种商业模式，最早是霍金斯等大海盗为组建远渡大西洋或加勒比海的海盗舰队而竞相采用的商业模式，将海盗的商业模式运用到企业管理，16 世纪以后逐渐发展成为东印度公司、利凡特公司等。据考证，东印度公司的七个“执行委员”全部都是海盗，第一船队的 5 艘船全部都是由海盗船改装过来的，而第一船队 500 名船员和航海员基本上都是海盗。海盗商人最早发现赚钱的商品是香料，香料原产于印度和印度尼西亚，1498 年达伽马发现了东印度航线，葡萄牙、荷兰先后垄断东西方的香料贸易，海盗商人通过贸易独占的方式挤兑葡萄牙和荷兰，抢占了香料贸易的市场。16 世纪后，又从香料延伸到亚丁湾的咖啡贸易。18 世纪，因为荷兰人在印度尼西亚的爪哇岛和印度的锡兰岛大规模开发咖啡园，亚丁湾的摩卡咖啡不再有竞争优势，红茶替代咖啡成为海盗商人的新宠。除商品贸易外，海盗商人还盯上了一种特殊的商品——“奴隶”，贩卖奴隶是和砂糖贸易联系在一起的。甘蔗生长在热带和亚热带地区，为获得被称为“万能药”的砂糖，处于严寒地带的欧洲海盗商人，看中了四季常夏的加勒比海，他们将枪支、火药、金属制品、织物销售到西非，通过物物交换获得黑人奴隶，将黑人奴隶卖到加勒比海的西班牙殖民地，种植甘蔗，再通过物物交换，收购砂糖、蜂蜜、香烟等，运到英国本土高价销售，形成了连接英国——西非——加勒比海的“三角贸易”，一个开启全球化经济的新世界因此形成。

女神战海盗

女神战海盗的历史，实际上就是一部海盗的进化史，是海盗逐渐进化成为合法商人、到分化为不同的合法身份和职业，最后进化和演变成女神的历史。回到朝仓弘教先生的论断，就是商业活动和公共政权结合的过程。细数早期海盗进化的法宝有三个：

一是转换身份，做到主体合法。海盗（pirates）是以“海”为舞台进行强盗行为的罪犯，主体通常是自然人或基于自然人的犯罪团伙。《联合国海洋法公约》规定私人船舶或私人飞机的船员、机组成员或乘客为私人目的，对下列对象所从事的任何非法的暴力或扣留行为，或任何掠夺行为的都是海盗行为：（1）在公海上对另一船舶或飞机，或对另一船舶或飞机上的人或财物；（2）在任何国家管辖范围以外的地方对船舶、飞机、人或财物。因此，要把罪犯身份转换为合法身份，捷径就是由私人变成公司，变成合法的企业法人。1599 年 9 月 22 日，在伦敦有 101 位冒险商人和投资者组建了辛迪加投资集团，也就是联合组织、集体出资组成的集团，并起草了递交给伊丽莎白女王的有关建立东印度公司的请愿书，东印度公司的发起人在 9 月 24 日在伦敦召开成立大会，通过向女王提供建议的咨询机关枢密院，向女王递交了成立东印度公司的请愿书。伊丽莎白女王于 1600 年 12 月 31 日，授予发起人“特许状”，获准成立东印度公司，这是世界上最早的股份有限公司。从此，冒险商人海盗变成了公司法人，海盗这个“主体”不存在了。

图 1　东印度公司位于英国的总部

二是寻求许可，做到行为合法。行为合法的秘诀是“特许状”（charter），东印度公司成立之初获得伊丽莎白女王的特许状，授予“从事和东印度之间贸易的伦敦商人们的代表和集团”，在特许状里女王指定了特定的贸易公司、对象国、地区还有贸易的独占时间，这也就意味着在东印度这个特定的地区，包括印度洋、红海、波斯湾、安达曼海、东南亚海域、南海、东海、太平洋如此广阔的地域，在最初女王授予的 15 年贸易独占时间里，只有东印度公司有资格从事对外贸易，其他公司没有资格从事对外贸易，否则就是偷运或走私。东印度公司一直存续了 270 年，直到 1853 年解散，1873 年特许状失效。这一时期女王颁发了很多特许状，据统计，从 1585 年 6 月到 1586 年 3 月，共给 88 艘船颁发了许可证，允许进行掠夺活动。因为有了“特许状”，掠夺行为变成了合法的行为。

三是洗白赃物，做到客体合法。以海盗德雷克为例，他通过袭击西班牙的船只，给英国带回了 60 万英镑的财富，其中 30 万英镑奉献给了伊丽莎白女王，而当时英国一年的国家预算大概是 20 万英镑，也就是说德雷克将相当于三年的国家预算规模的“海盗钱”带回了英国。送给女王的 30 万英镑，大半用于偿还向安特卫普金融商的借款，剩余的部分用于宫廷支出，部分入股东印度公司，由此，“海盗钱”洗白成为合法的资金。作为奖赏，德雷克获得了精神上的荣誉。西班牙大使说：“女王显得十分宠爱弗朗西斯·德雷克，当出入公共场合时也与弗朗西斯·德雷克进行长久的交谈，并且女王还经常在自己的房间接见他，经常与他在花园里散步。”1581 年 4 月 4 日德雷克被伊丽莎白女王授予骑士称号，被英国誉为国家英雄，实现环球航海的第二位伟人，德雷克因此青史留名。

讲到海盗进化史，不得不提历史上的“包税制”。包税制，是指国家将一种捐税按一定数额包给私人或团体征收的制度。包税制可以追溯到罗马帝国，公元前 167 年征服希腊马其顿以后，因为当时还征收诸多关税等，为避免对罗马市民的个人财产重复课税，罗马共和国依赖税吏征收行省什一税、贸易税、采矿收入以及行省的个人财产税。罗马税吏充当元老院和外省包税人之间的中间人，他们拥有大量的资本积累，可向元老院竞拍到各行省的包税契约，包税制成为主要的课税手段，并为征服者们提供了安全和可预测的财政收入。中世纪以后，包税制在英国、法国达到顶峰。

英国的包税制一个集中体现就是关税的包税制，英国至少从 1275 年开始拥有了一个全国性的关税体制，那时候爱德华一世开始对羊毛和皮革的出口征税。由于王室可用的行政资源有限，王室通过包税的方式保证关税收入，在包税期间，商人支付一定的租金，换取某一种或者一组税的征收权。在包税期结束后，租约要重新谈判，国王可以在一定程度上利用前期关税的基础收入中的收益。每次重新订立关税包税契约时，包税租金都会上涨。关税承包租约的重新谈判每年又能带来约 27 万英镑的收入，到 1640 年内战之前关税占王室总收入的 50% 以上。

在整个欧洲乃至世界范围内，法国包税制的影响都极为广泛，法国的总包税商权力很大，为其工作的员工近 2. 4 万人，其中专门的关税征收员近千人。在法国封建王朝时期，国王实际收入有八个来源，即贡税、人头税、二十取一税、盐税、国产税、关税、官有财产及烟草包征。其中，相当比例的间接税的征收权被拍卖给了包税商人。由于法国贸易复杂而分散，广泛存在的特权阶级免税现象，每个地方征税机构都必须对不同的项目，以不同的税率征税。复杂、无序的税收制度带来了官吏横征暴敛、社会腐败横行、低层人民负担沉重，包税人所作所为和海盗没有区别，包税人成为革命的对象。

包税制实际上是把国家的一部分职权赋予了商人去履行，私人代替国家和政府行使了公共职权，个中缘由是因为税收一个技术活，特别是涉及商品流转的间接税，随着商品种类的不断丰富、流转链条的延长，包括关税在内的征收需要大量专门的税收人员征收才能完成，这在科学技术不发达的早期人类社会是难以想象的，因此“包税制”应运而生。它的好处：一是对王室及政府财政收入提供了高效供给，二是为政府发行“国债”充当了担保，三是促进了工商业资本经济的发达。但是包税人是商人，天生的贪得无厌，包税人敛财无度，横征暴敛，最后成为革命的对象。

英国1688年光荣革命之后，包税制被废除。法国大革命主要对象之一就是包税人。1789年总包税所在巴黎的办事处被革命群众攻占，关税办事处和盐仓被摧毁。1791年法律最终取消了总包税所，第一部单独的、统一的法国关税法在当年3月15日通过立法正式诞生，标志着法国旧制度下的包税制的终结。

包税制的终结，是税收和财政公共权力由私人向政府的回归，由私权向公共财政的回归，也是现代关税或海关制度新的开始，并逐渐向女神进化。

美国是海盗国家吗？

历史上，英国曾是有名的“海盗国家”，英帝国的崛起和海盗有着千丝万缕的联系。

16世纪的英国是个贫穷的二流国家，被西班牙和葡萄牙等欧洲列强实力所碾压。为了实现后发赶超，英国选择了推进海盗行为，开拓海外贸易，实现强国的目标。英国首先鼓励海盗海外掠夺，并将财富带回英国，充实空虚的国库，著名的德雷克将相当于三年国家预算规模的“海盗钱”带给了伊丽莎白女王；其次，女王出资和海盗组成联合集团，实行远洋航海的冒险；最后，还采用皇家海军和陆军加入德雷克海盗舰队的方式组建舰队，袭击西班牙船只，袭击和掠夺西班牙的殖民地，远征加勒比海。

当英国在和西班牙等国的竞争逐渐扭转颓势、占据上风后，英国又通过立法强行推行其霸权手段，巩固其对经济贸易的垄断和霸主地位。它先后颁布《航海条例》、对海洋运输实行独占；颁发“特许状”，对国际贸易进行垄断；实行贸易保护，禁止进口棉织物、甚至禁止国内使用棉织物。

1651 年，英国政府颁布《航海条例》规定，凡从欧洲运往英国的货物，必须由英国船只或商品生产国的船只运送；从亚洲、非洲、美洲运往英国或爱尔兰以及英国各殖民地的货物，必须由英国船只或英属殖民地的船只运送。英国各港口的渔业进出口货物以及英国国境沿海贸易的货物，完全由英国船只运送。1600 年 12 月 31 日，英国女王伊丽莎白一世授予东印度公司皇家“特许状”，给予其和东印度进行贸易的垄断权力，未获得“特许状”的贸易都是非法的。随着东印度公司大量进口印度的棉织物，为实行贸易保护，1700 年英国下议院通过《禁止进口棉织物法》，规定自 1701 年 9 月 29 日起，严禁在英格兰王国、威尔士以及特威德河河口的贝里克市穿着或使用波斯、中国、东印度出产的任何绢制品、孟加拉织布和含有生丝、草本原料的纺织物，以及在这些地区经过彩染、单染、印染、着色，目前已输入或即将输入本王国的所有棉织品。1720 年又通过《禁止使用棉织物法》，规定自 1722 年 12 月 25 日起，严禁将一切经过印染、彩染、着色、单染的棉织物作为服装、室内装饰品、用具来穿着或使用。同时规定，凡违反此法而被判有罪者，必须支付20镑罚金。

海盗国家先通过武力殖民弱小国家，霸占市场，然后又主导制定游戏规则，将国际经济和贸易秩序纳入自己的“合规”体系，似乎成了一条海盗规律。

当今世界，美国是首屈一指的强权国家，“二战”后它主导制定了以世界贸易组织为核心的国际经济秩序延续至今，其霸主地位从未受到过真正挑战。当进入新世纪后，后发国家迅速发展，出现了所谓“修昔底德陷阱”，即修昔底德在《伯罗奔尼撒战争史》中所讲的“战争不可避免的原因是雅典势力的增长和因此而引起的斯巴达的恐惧”时，守成霸权国家的海盗本性就暴露无遗。当现代政治中赤裸裸的战争已不可能时，法律的手段就被放大到了极致，挥舞规则大棒就成为其主要手段。美国的“长臂管辖”就是实例。

美国用于“长臂管辖”有三大法案：针对跨境贸易的《出口管制条例》、针对上市公司的萨班斯法案、针对行贿的《反海外腐败法》。《出口管制条例》规定，任何企业，包括卖方、买方、运输企业、代理人、收货人等，不准把美国生产的管制设备出口到美国禁运的国家，违反规定的，剥夺出口权、禁止从事相关行业，严重的承担刑事责任；萨班斯法案规定，凡是在美国上市的公司，不管主要业务地在哪里，必须设立独立的会计监督委员会，必须建立内部风控体系，必须接受美国政府的监督；《反海外腐败法》目的是禁止美国企业在海外通过贿赂的方式操纵贸易和市场，但该法通过“最低限度的联系”把管辖权延伸到了海外，甚至包括用美元计价签订合同、用服务器在美国的电子邮件收发邮件，而不管当事人是否是美国公司、合同签订履行是否在美国本土，美国司法都可以进行管辖。

打着反腐旗帜的《反海外腐败法》看似正义，其实是为美国霸权服务的工具。《美国陷阱》一书深刻揭秘了法国阿尔斯通集团是如何被美国司法部指控涉嫌商业贿赂，并对该公司处以 7.72 亿美元罚款，最终被行业竞争对手——美国通用电气公司收购的，详细描述了美国利用《反海外腐败法》打击美国企业竞争对手的内幕。据该书统计，在 1977～2014 年，只有 30% 的调查（474 项）是针对非美国公司的，但是它们支付的罚款占总额的 67% 。在 26 个超过 1 亿美元的罚单中，有 21 个涉及非美国公司。让人大跌眼镜的是，一直被标榜为“正义和科学”的“辩诉交易”制度在所谓反海外腐败行动中充当了刽子手，99% 的案件都通过这种经济的方式让当事人自认其罪，为强盗行为保驾护航。这一切都不禁让人对所谓的法律科学性产生了怀疑，“作为意识形态的法律科学”这一论断才是千真万确的。

回到开头的问题，关于美国是不是海盗国家，自然有了答案。

尾声

女神战海盗，就是将商业活动和公共政权相结合，通过社会契约和公共政权的合法化，让海盗摆脱了自然状态下的野蛮和蒙昧，进化到社会状态的文明和秩序，使海盗从猿变成了人，其进化的秘密就是公共政权的存在。

如果说国内法中因为现代政治基础的确立，公共政权的存在，结束了一切人对一切人的战争话，那么在国际社会中从猿到人的进化还远远没有完成。在现代政治中殖民和战争不可能情况下，利用国家霸权和强力制定游戏规则，挥舞长臂，向世界张牙舞爪的海盗行为却在世界秩序“失范”情形下屡见不鲜，海盗这个主语也由私人换成了国家，其对世界造成的影响是全球的，甚至是灾难的，人类历史恐有开倒车的危险。

在当今一片乱象的国际社会，有没有可能出现如卢梭在《社会契约论》中所描绘的，要寻找出一种结合的形式，使它能以全部共同的力量来卫护和保障每个结合者的人身和财富，并且由于这一结合而使得每一个与全体相结合的个人又只不过是在服从其本人，并且仍然像以往一样地自由，实现人类社会的永久和平和繁荣呢？

飞来山上千寻塔，闻说鸡鸣见日升。

不畏浮云遮望眼，自缘身在最高层。

我对此充满信心，因为猿终究要变成人。

（2019 年 10 月 26 日）

戴口罩的女神

这是一个黑暗的季节，

这是一个光明的季节；

这是失望之冬，

这是希望之春；

人们面前一无所有，

人们面前将应有尽有。

——狄更斯《双城记》

历史从来没有像今天这样，口罩成为我们生活中的必需品。

据考证，现代口罩的产生可以追溯到 1857 年法国微生物学家巴斯德发现微生物的存在，而 1895 年德国病理学家莱德奇发现细菌在空气中传播，建议医护人员为病人做手术时需要用纱布裹住口鼻，口罩因此推广开来。经过法国医生保罗·伯蒂的改良，特别是在口罩两侧增加两条可以自由系结的吊带，现代口罩因此流行。

口罩虽然发明有百年历史且今天已经变得十分普遍，但只是在医院或遇到季节流行性疾病时，我们才会佩戴。记忆中，小时候感冒发烧或天气骤冷，父母才会给我戴上口罩出门，那时的口罩是用纱布做成的，弄脏了用水清洗，太阳下晒干了再用。现在一次性的医用口罩，还有更高级的 N95 口罩则是稍晚以后才出现，且是生活中不太经常使用的稀罕物。

21 世纪第三个十年伊始，突如其来的新冠肺炎病毒全球大流行，彻底改变了我们的世界，这种改变绝不仅仅是在我们每天生活层面，而是在深层结构上，甚至会影响人类文明的样态上。由 15 位思想家共同著作的《我们时代的精神状况》一书“前言”中引用了乌尔里希·贝克的一句话，“当一个世界秩序瓦解时，对它的反思便开始了”，这句话正好切中当下的要害，这也不禁让我想起另两位伟大思想家。

20 世纪行将来临之际，英国历史学家汤因比和日本社会学家池田大作有一次著名的世纪对话，他们在因为资本和技术危及人类未来而批评现代性的同时，呼吁人类停下脚步 50 年，好好思考一下文明该何去何从。

现在人类正处在历史的关头，“百年未有之大变局”，也正是需要反思的时候，我的思考是从女神戴上口罩开始的。

女神戴上口罩

疫情期间，国际摄影艺术联合会（FIAP）举办了一场特殊的影赛——《我们留在家里》（We Stay Home）国际摄影比赛。来自世界各地的摄影家参加了比赛，参赛者提交了自己在 2020 年 3 月 15 日后在家拍摄的照片，以展现在家中度过空闲时间时的所见所想。经过层层筛选，共有来自 8 个国家的 10 名优秀摄影师在此次大赛中获奖。从这些获奖作品中，我们能看到各国人民在这段时间所经历的彷徨、改变、痛苦与希望，当然这次获奖的作品逃不开的主题就是“口罩”。

让我们看看几张获奖的“口罩”作品，感受这些摄影作品的所思所想以及他们的痛苦和彷徨。

伊朗 DEHGHANPOUR HADI 的《戴口罩的女人》。作品的背景是五颜六色的花朵，美丽的花卉遮蔽了女人脸部的眼睛和鼻子，只留下性感的涂着口红的嘴唇，不禁让人想起美丽的伊甸园。作品的下半部分中披着黑纱戴着白色口罩的女人们则低下了头，闭上了眼睛，她们是在沉默、悲伤，还是哀悼？恐怕都有。而正中是披白纱戴黑色口罩的女人，作品中唯有她是睁着双眼，准确地说是瞪眼睛看着前方，看着我们。她的双眼透露着坚强，惶恐，还是求助，无奈，或是希望？我读出的更多是悲伤。

还有一件作品是JO KNIGHT的《外面的敌人》。

一位戴着空气阀口罩的老妇人，绝望地攀附着窗户，隔着玻璃看着外面。老妇人不仅戴着口罩，还戴着手套，可谓全副武装了。大敌当前，即使在室内，她也不敢卸掉武装。揪住我心的是她的脸，紧缩的眉头，无助的眼睛，虽然口罩遮住了她脸的下半部分，但我可以想象得出那一定是想哭的样子。窗户的玻璃已经有了裂纹，玻璃上的红红点点是新冠病毒吗？玻璃就要裂开，病毒还会挡得住吗？病毒这个恐怖的敌人就在一窗之隔，防线即将被击穿，只有恐惧、害怕、无助，还有绝望。

凡人戴上了口罩，神也不例外。

疫情肆虐之时，我看到路透社的一个新闻报道：有人发现英国著名涂鸦大师班克西（Banksy）的一幅名为《穿耳膜的少女》（The Girl with The Pierced Eardrum）的作品被“改动”了。这幅名为《穿耳膜的少女》的画作是班克西在2014年创作的涂鸦作品，创作于其家乡布里斯托港口附近的一栋建筑的外墙上，其内容模仿了17世纪荷兰著名画家约翰内斯·维米尔的经典油画《戴珍珠耳环的少女》（Girl with a Pearl Earring），但原画中少女原本戴着的“珍珠耳环”被墙上的警报器巧妙地取代了。

然而，就在2020年4月23日，有人发现少女的脸上多出了一副蓝色的医用外科口罩。走进一看，“口罩”是用布料做成，再挂到作品表面，因此并没有破坏作品的原貌。画中戴上了口罩的少女，眼神也更加忧郁惶恐。这样的改动，配上当下疫情，似乎多了一丝略带黑色幽默的深意，但也表达了“口罩”已经成为这个时代主题，戴口罩已成为我们生活中不可分割的一部分。

给“戴珍珠耳环的少女”这个女神戴上口罩，显然在疫情无情肆虐我们生活时，有点无奈和恶搞的意味。口罩遮蔽了女神的原本的模样，我们无法看清女神的全貌，我们更好奇女神长什么样？我们还可以回到原来吗？

原来的女神

维米尔1665年创作的经典油画《戴珍珠耳环的少女》正确的打开方式是这样的。

维米尔的这幅画描绘了一名身穿棕色衣服，佩戴黄、蓝色头巾的少女，她在黑色背景下超凡出众，宁静中带有从容、神态欲言又止、栩栩如生。“看似带有一种既含蓄又惆怅的、似有似无的伤感表情，惊鸿一瞥的回眸使她犹如黑暗中的一盏明灯，光彩夺目”。此画被誉为北欧的《蒙娜丽莎》，300 多年来，世人都为之惊叹：那柔和的衣服线条、耳环明暗变化，尤其是女子侧身回首、欲言又止、似笑还嗔的回眸。

关于这幅画有太多的秘密，大家好奇的焦点是“她是谁”“她想说什么”“她背后的故事”等。

美国女作家崔西·雪佛兰（Tracy Chevalier）在美术馆里看到这幅肖像名作时，瞬间就被打动了。于是她决定根据这幅神秘的画作，杜撰了少女葛丽叶与画家维米尔之间似有若无的爱情故事。改编的同名小说一经推出，便立刻在美国图书排行榜上占据高位，如今更是被翻译成 38 种语言，全球销量超过 500 万册。

导演彼得·韦伯看过这本根据名画改编的文学作品后，又立刻将其改编为感人至深的爱情电影。电影《戴珍珠耳环的少女》上映后便风靡全球。通过电影，导演彼得·韦伯让我们领略到了世界名画背后的故事，电影中饰演少女葛丽叶的斯嘉丽·约翰逊，更是把少女的姿态还原到了极致，尤其是那对象牙白的珍珠耳环。

科学家也没有闲着，2018 年年初，荷兰海牙莫瑞泰斯皇家美术馆研究人员将这幅画放置在一个特殊的玻璃房间里，以便参观者在研究人员研究这幅作品时可以观看。他们仔细检查很小的几块颜料，发现了一些颜料的来源：帮助形成耳环的白色是来自英格兰北部皮克地区的铅；蓝色是由在阿富汗发现的一种珍贵的石头制成的；红色是由生活在墨西哥和南美洲的仙人掌植物上的昆虫制成的。

阿比·范迪维是这个研究项目的负责人，她对维米尔在这幅画中使用如此多的蓝色表示惊讶，并指出：“在 17 世纪，这种蓝色颜料比黄金更有价值。”然而，维米尔并不需要周游世界就能得到他的颜料，他很可能是在家乡代尔夫特买的。阿比·范迪维说：“还告诉我们 17 世纪荷兰和世界贸易的情况”“不幸的是，画中这个女孩没有透露她的身份，但我们必须更好地了解她”。博物馆网站上的一份声明称这名女子是虚构的。该网站称，这幅画“不是一幅肖像画，而是一幅‘tronie’——一幅虚构人物的画像”。

“戴珍珠耳环的少女”是不是虚构的，已经不重要了，小说和电影已经证明她是真实存在，至少每个看到这幅画的人都是这样认为，因为她已经走进了观者的心里，也因此打动了我们 300 多年，时间说明了一切。研究人员对她的化学颜料分析，倒给我们讲了另外一个故事，一个关于 17 世纪全球化的故事。

女神和全球化

维米尔创作的 17 世纪是荷兰的黄金时代，也是全球化开端的时代。

他生活的城市代尔夫特（Delft）是荷兰南荷兰省的一个城市，

地处海牙和鹿特丹之间，面积 24.08 平方公里。代尔夫特历史悠久，1075 年建立，1246 年设市。13 世纪和 14 世纪因发展毛织业和啤酒业兴起。17、18 世纪时以产陶器而闻名。维米尔还创作了《代尔夫特风景》，通过他细腻的画笔，我们可以感受到 17 世纪代尔夫特城市的恬静和发达的水运交通。

据记载，荷兰东印度公司 1602 年成立，1610 年将中国茶叶和陶瓷茶具引入欧洲，精美的中国瓷器让欧洲人爱不释手，青花瓷成为上流社会趋之若鹜的奢侈品，有钱人甚至将收藏的中国瓷器作为炫耀的资本。

1620 年随着万历皇帝的驾崩，中国与欧洲的贸易中断，面对巨大的陶瓷需求，荷兰开始生产替代品。制陶商通过荷兰东印度公司从中国景德镇购进白瓷釉和青花颜料，经过反复试制，制成了白釉青花的精细陶器。荷兰皇家派人筹建皇家代尔夫特蓝陶厂，大量仿制中国青花瓷，代尔夫特青花瓷因此风行欧洲，代尔夫特也因此闻名遐迩。

在 17 世纪和 18 世纪，整个欧洲的王公贵族都流行用青花陶片来装饰城堡，甚至凡尔赛宫都用它们装饰墙面，“皇家代尔夫特”陶瓷工厂一直延续到现在，成为代尔夫特城市的著名景点。如果有机会去参观，你不仅可以看到精美的青花陶瓷，特别是用蓝陶制作的伦勃朗名画《夜巡》，还可以看到代尔夫特青花瓷制作的全过程。

你可以想象在那样一个经济和文化繁荣的荷兰“黄金时代”，维米尔徜徉在代尔夫特物质富裕的市场，挑选来自英格兰、阿富汗、墨西哥等世界各地的颜料，为自己的绘画做准备，而世界各地的商贾和商品云集到阿姆斯特丹及其荷兰这个欧洲小国，股票、公司、远洋船舶、商人、香料、纺织、纺织品……现代市场经济的所有元素都在这里可以找到，这在工业革命黎明来临前是幅多么不可思议的画面。这背后的秘密是什么呢？

所有的秘密都藏在“全球化”里，如果要划重点，那就是资本。以色列历史学家赫拉利也好奇荷兰这个欧洲小国17世纪时是如何独霸世界的，他在一番探究后，在《人类简史》中写道：“荷兰人成功的秘诀在于信贷。”金融家提供荷兰足够的信贷，让他们得以建立军队和舰队，这些军队和舰队让荷兰控制了全球贸易路线，获得了极可观的利润，有了这些利润，荷兰人能够偿还贷款，这又进一步增强了金融家的信任，金融家又提供更多的贷款。当时的阿姆斯特丹不仅是欧洲最大的港口，更是金融中心，世界上最早的证券交易所就诞生在这里。

黄金时代的荷兰，以印度古吉拉邦的纺织品换取苏门答腊亚奇国的胡椒和黄金，用毗奢耶纳伽罗王朝科罗曼德的服装换取爪哇岛万丹的胡椒，将檀香木、胡椒、白银换成中国的黄金、丝绸和瓷器，将中国的商品运往日本换取白银，将香料和其他商品运往中东换得白银……为了独占贸易，荷兰和西班牙展开了较量，最终荷兰控制了全球贸易。

在东亚，荷兰垄断了对日本的对外贸易，占据了我国台湾岛。在东南亚，荷兰人建造了巴达维亚城，即今天的雅加达。在南亚，荷兰人殖民了锡兰 140 年。在非洲，荷兰人从葡萄牙人手中夺取了好望角。在大洋洲，荷兰人用荷兰的西兰省命名了现在的新西兰。在南美洲，荷兰西印度公司占领了巴西东北部的产糖区。在北美洲，荷兰人在哈德逊河口建造了新阿姆斯特丹城，今天这座城市叫纽约。

读到这里，我们大概不会奇怪为什么《戴珍珠耳环的少女》会诞生在荷兰，诞生在代尔夫特了。

500 年和“技术墙”“边境墙”

17 世纪的荷兰黄金时代只是全球化的一个片段，“全球化”从 1492 年哥伦布发现新大陆出发，已经走过了 500 多年。

实际上，自人类统治地球以来，人类迁徙的历史就发生了，就有了全球化。人类 100 万年前诞生于非洲，20 万年前迁徙到亚洲，4 万年前迁徙到欧洲，1.5 万年前迁徙到澳洲和美洲。斯宾塞·韦尔斯在《出非洲记：人类祖先的迁徙史诗》中描述：“今天，生活在世界各大洲、各个地方的人们都有一个共同的祖先，他是 6 万年前生活在非洲的某个男人，他是真正的‘亚当’。也就是说，人类起源于非洲。”这意味全球化的历史可以追溯到人类的起源，但是，这还不是现代意义上的“全球化”。

全球化本质上是一种交往方式，也是人类的一种生存方式，它包括时空、动因、内容、形式和技术等，其实质是资本统治全球，市场全球化。国际货币基金组织给经济全球化下了一个权威定义：“经济全球化是指跨国商品与服务贸易及资本流动规模和形式的增加，以及技术的广泛迅速传播使世界各国经济的相互依赖性增强”，其中的关键词就是“资本”。因此，尽管人类迁徙和跨越各大洲的时间要早很多，但普遍认为全球化开端于500年前哥伦布发现美洲大陆、麦哲伦环球旅行，并将资本主义带到了世界各地，人类生产方式、生存方式发生了根本性改变，一直延续和影响着我们今天的生活。

弗里德曼在《世界是平的——21世纪简史》一书中回顾500年，将全球化分为三个阶段：

第一阶段是1492年到1800年，以蒸汽机第一次工业革命为代表，主要动力是国家。

第二阶段是1800年到2000年，以铁路、电话、电视、电脑等电气革命为代表，主要动力是公司。

第三阶段是2000年以后，以互联网信息革命为代表，全球范围内的合作和竞争。

区别于以前的人类社会，资本主义社会以资本为原则，以市场为中心配置资源，生产力极大提高，全球大市场形成。电报、电话、光缆、计算机等科学技术的发明为全球化提供了技术帮助，联合国、世界贸易组织、国际货币基金组织、世界银行、联合国教科文组织为全球治理提供了组织管理架构。

这样一种以“资本”为原则的全球化，从500年前到现在没有根本的改变，我们今天依然在玩着“资本”的游戏。如果说以前全球化的道具是丝织品、香料、陶瓷、棉织品、茶叶和蔗糖的话，现在的道具变成了苹果手机、特斯拉汽车、空中客车和波音飞机；以前的演员是普通商人、特许商人、商帮、武装商人、海盗商人的话，现在的演员主要是跨国公司、科技公司、金融寡头；以前的主题曲是白银，现在的主题曲是黄金、美元，但唱戏的还是那个舞台，资本的舞台。

既然是资本的舞台，那么所有的游戏规则都应围绕资本的原则而展开。如果用“资本”解读全球化下的海关规则，很多形式上的东西在内容上会获得深入的理解。

以国际贸易和海关规则为例，WTO所谓透明度原则，不过是向资本敞开制定规则的大门；关贸总协定的关税减让谈判，则是国家关税主权向资本低头；作为WCO贸易安全“标准框架”中AEO制度也没有那么神秘和美好，“AEO制度实质上是为全球跨国企业与资本集团量身定制的一套专享性的通关便利制度”；海关和商界的关系，在资本的原则下，就不是传统的管理和被管理的关系，而是伙伴和服务的关系，“客户导向”成为一种区别于以往的所谓“新”的管理理念；在资本的要挟下，WCO规则中有利于海关监管的“正常价格法”，也不得不屈服于有利于资本和商人的WTO规则中“成交价格法”……

资本的全球化有没有终点，增长有没有极限？不乏怀疑论者。在怀疑论者看来，地球的资源是有限的，用资本的方式不断消耗自然资源，满足人类无尽的消费欲望，终究会走到尽头，撞到历史的天花板，全球化有终点，增长有极限。但历史的发展，特别是科技的革命和创新，躲过了一次次的危机，全球化后浪推着前浪，看起来还远远没有达到终点。

今天全球化确实撞到了两堵墙，一堵是保护主义的“边境墙”，另一堵是科技革命的“技术墙”，对老牌资本主义国家来说，这两堵墙实际上是一堵墙，或者说是一堵墙的两个面。

科技革命的“技术墙”。从科学角度看，现在的技术工程是建筑在20世纪上半叶或更早的数学、物理学、化学、生物学进展的基础上的，《大停滞？》作者泰勒·考恩曾说：“美国崛起的过程其实是建立在欧洲大量的知识创造基础上的，但美国曾经拥有的‘低垂果实’基本被采摘完了。”2008年以来，西方国家经济危机和经济停滞，真正的原因来自20世纪六七十年代以来科技创新的停滞。回顾全球化和三次工业革命，电力学引领了电气革命，电磁学引领了信息革命，而信息通信的所有秘密都藏在“香农公式”里，1G是这样，2G是这样，一直到5G还是这样。任正非清楚地意识到挡在他面前的这堵墙，他说：“随着逐步逼近香农定理、摩尔定律的极限，面对大流量、低时延的理论还未创造出来，华为已感到前途茫茫、找不到方向。华为已前进在迷航中。”庆幸的是，这一次是中国人最先摸到这堵墙。

贸易保护的“边境墙”。这堵“技术墙”也是美国这个老牌资本主义国家设立的保护主义的“边境墙”。从1G到4G中国一直是跟跑者，而到了5G中国反超成为领跑者。作为未来像空气和水一样的社会底层技术，5G时代的到来，随着人类和万物相连，特别是产业的垂直整合，必将形成一个全新的智能社会，人类的生产生活方式将发生天翻地覆的变化，工业革命会进入一个全新的4.0时代，美国的霸权时代也将因此结束。美国作为老牌的帝国主义，全世界的老大，当然不会心甘情愿，阻止5G技术的发展，切断技术供应链和产业链，在其看来理所当然。班农曾在《南华早报》上撰文：“将华为赶出西方国家市场要比达成贸易协定重要十倍”。美国推行贸易保护主义，中美脱钩，对华为、中兴的制裁和封堵，以及孟晚舟案件，就没有什么奇怪的了。

马克思讲自由资本主义必然走向垄断资本主义，走向帝国主义，这是千真万确的。荷兰东印度公司的形象就是“左手拿着账簿，右手拿着火枪”，账簿代表资本和商业利益，火枪代表强权和暴力，早期全球化不就是西方国家用军事打开亚洲、非洲、美洲国家市场，霸占全球的吗?

今天的全球化，军事手段并没有被放弃，只不过在“自由”“民主”的旗号下不能那么赤裸裸，只能退居幕后，走上前台的则是所谓国际组织和国际法。如果天真地认为这些国际组织和国际法是“蒙眼女神”就大错特错了，作为“意识形态”的国际法律才是真理。别忘了，资本可是从头到脚都是滴着血的。

我们可以回到原来吗?

马克思曾在《1884 年经济学哲学手稿》中对资本进行深刻批判，对异化进行深刻揭示。他尖锐地指出，资本的原则会带来人的异化，表现为人成为资本或物的奴隶，人自身的异化；表现为人和人之间关系的紧张，人和人之间关系的异化；表现为人和自然之间关系的紧张，人和自然之间关系的异化。

目前，新冠肺炎疫情还在欧洲、美洲肆虐，欧洲正面临第二波疫情，法国、德国、英国相继封国，美国每日新增病例超过 10 万例，平均 1 秒钟有一个人感染，平均 2 分钟有一人死亡，这是多么可怕的数字啊！正如世界卫生组织在申明中多次指出的：“我们必须记住，这些是人，不是数字。”这每一个数字是不是人类在资本原则下对自然的背叛呢？从人和自然关系的紧张，到人和人关系的紧张，再到人成为非人。

回到20世纪来临之际汤因比和池田大作那次著名的世纪对话，我们理解了两位思想家在批评现代性的时候，为什么把GDP比喻为对自然界的伤害指数。为什么池田大作呼吁人类停下脚步50年，好好思考一下文明该何去何从。今日重读对话，何等深刻！

3年前，我曾带队去荷兰海关跟班作业。那一个周末的春日暖阳下，我们在“皇家代尔夫特”陶瓷工厂的庭院里，在铺满代尔夫特蓝的背景中，在郁金香绽放的季节，面部没有遮拦地、自由地微笑，留下了美好的瞬间，现在回想起来，全是灿烂。

我不知道现在的代尔夫特是什么样子，但可以肯定的是，即使充满阳光，人们也不能面无遮拦地、自由地微笑。在那里，白天也是黑夜。

黑夜会过去吗？答案是肯定的。可是对于处于黑夜中的人来说，应该怎么过活呢？

一百年前马克斯·韦伯在慕尼黑大学做了两个著名演讲，一个演讲的题目是《以学术为业》，另一个演讲的题目是《以政治为业》。当时的德国正处于经济快速发展的时代，德国已经赶英超法，成为仅次于美国的第二大经济强国。在经济发展的同时，价值和思想层面却面临变革和危机，物质的丰裕并不能解决一个国家和民族安身立命的根本，第一次世界大战的战败，国家和民族何去何从是摆在每个德国人面前的问题。马克斯·韦伯在回答这个问题时，并没有给出先知般的“一加一等于二”那样明确的答案，而是要求年轻人做出冷静的思考和独立的判断。

在《以学业为业》演讲的结尾，他引用《以赛亚书》中与守夜人的对话：“‘守望的人啊，黑夜还要多久才会过去呢?’守夜人回答说：‘黎明就要来了，可黑夜还没过去。如果你还要问，那就回头再来。’”他是在告诫年轻人，黑夜是等不过去的，在黑夜里，我们仍然应当做自己能做的事。

狄更斯在《双城记》中有一段著名的话，只是按照原来的顺序读下来有些悲观，我把这段话的顺序做了修改，想送给还在疫情黑夜中的人们：这是一个黑暗的季节，这是一个光明的季节；这是失望之冬，这是希望之春；人们面前一无所有，人们面前将应有尽有。

2020 年 11 月 8 日，传来美国大选消息，美国民主党总统候选人拜登当选为第 46 任美国总统。9 日，约翰斯·霍普金斯大学统计，美国疫情累计新冠确诊病例超过 1000 万……

看起来，黑夜还很漫长。

第二篇

知性之法

我国海关法的历史发展、贡献和展望

——纪念《中华人民共和国海关法》颁布三十周年

一、我国海关法的历史发展阶段和特点

新中国成立以后，从1951年制定《中华人民共和国暂行海关法》算起走过了66年发展历史，其中《中华人民共和国海关法》颁布30周年，我国海关法从无到有，并经过了多次修改，经历了以下四个不同发展阶段，并表现出不同的特点：

第一阶段：海关法诞生时期。新中国成立以后我国第一部海关法是《中华人民共和国暂行海关法》（以下简称《暂行海关法》），于1951年3月23日中共中央人民政府政务院第七十七次政务会议通过，4月18日命令公布，自5月1日实施。该法分为八篇19章217条，八篇分别是海关的组织、任务和职权；进出国境货运的监管；过境和转运货物的监管；进出口货物的查验、征税、保管和放行；国际邮递物品；进出国境人员及其行李物品的放行；走私和违章案件及其处理；附则。虽然《暂行海关法》是政务院通过的，严格来说不是国家立法机关通过的，不属于严格意义上的法律，但考虑到当时尚无专门的国家立法机关，它具有“法律”的性质而不能视同现在国务院通过的行政法规①。

这一时期的海关法立法特点是：（1）海关法是国家主权的象征，海关法的诞生是向世界宣告中华人民共和国的成立，是对旧中国关税主权旁落的收复；（2）《暂行海关法》不仅具有狭义意义上的“法律”意义，同时又兼具行政法规的属性，因此该法较后来的海关法要详尽；（3）受当时历史条件的限制，特别是西方国

① 成卉青：《海关法与海关法研究的若干问题》，载《海关研究》1987年第1期。1954年9月15日至28日，第一届全国人民代表大会第一次会议在北京召开，通过了新中国第一部宪法，以及全国人民代表大会组织法、国务院组织法、人民法院组织法、人民检察院组织法、地方各级人民代表大会和地方各级人民委员会组织法五部法律，自此才开始有专门的国家立法机关的立法。

家对我国实行封锁，对外贸易和进出口十分有限，海关以防范为主，主要是执行国家政策，尽管先后颁布了《关税条例》等行政规章，但海关法的经济作用十分有限。

第二阶段：改革开放时期。1987 年 1 月 22 日第六届全国人民代表大会常务委员会第十九次会议通过了《中华人民共和国海关法》（以下简称《1987 海关法》），这是真正意义上的由国家立法机关通过的海关法，该法分为 7 章 61 条，7 章分别是总则、进出境运输工具、进出境货物、进出境物品、关税、法律责任、附则。和《暂行海关法》相比，立法体例进行了大幅度缩减，由“篇章条款项”修改为“章条款项”，基本单位“条”从 217 条减为 61 条。篇章安排上受当时立法“宜粗不宜细”思想的影响，进行了简化，将《暂行海关法》中“进出国境货运的监管；过境和转运货物的监管；进出口货物的查验、征税、保管和放行；国际邮递物品；进出国境人员及其行李物品的放行”各篇合并为《1987 海关法》中“进出境运输工具、进出境货物、进出境物品”各章，同时将《暂行海关法》第四篇“进出口货物的查验、征税、保管和放行”中第 11 章“关税的征免”在《1987 海关法》中单独设为“关税”一章，将《暂行海关法》中第七篇“走私和违章案件及其处理”修改为“法律责任”。《1987 海关法》对《暂行海关法》条文内容进行了简化，仅做原则性规定，具体规定交给行政法规进一步明确。这样一种立法体例安排一直持续到现在，虽然经过再修改，但没有大的改变。

这一时期海关法立法特点是：（1）海关法在对外开放中的作用越来越重要。随着中国对外开放，作为进出口监管的重要法律——海关法的地位和作用显得十分重要，为适应改革、开放、搞活的需要，发展对外经济贸易和科技文化交流，更好地促进和保护社会主义现代化建设，急需修订《暂行海关法》。[①] 同时，海关也由传统的“防范为主”转变为“促进为主”，强调为国家对外开放服务是海关法的主要任务[②]。（2）海关法律体系初步建立。《1987 海关法》颁布后，国务院又相继颁布了《海关行政处罚实施细则》《关税条例》等行政法规，海关总署也制定了部门规章，初步形成了海关法、海关行政法规和海关行政规章组成海关法律体系。（3）这一时期海关法在促进经济发展的同时，也面临走私等严重破坏国家经济秩序的犯罪和腐败问题，法律规定滞后于打击走私犯罪和应对日益严重的腐败问题。

第三阶段：世纪之交时期。2000 年 7 月 8 日第九届全国人民代表大会常务委员会第十六次会议通过《关于修改〈中华人民共

① 参见《国务院关于提请审议〈中华人民共和国海关法（草案）〉的议案》，载《中华人民共和国国务院公报》1987 年第 2 期。

② 《1987 海关法》第 1 条规定：“为了维护国家的主权和利益，加强海关监督管理，促进对外经济贸易和科技文化交往，保障社会主义现代化建设，特制定本法。”该规定一直保留到现在。

和国海关法〉的决定》（以下简称《2000海关法》），这次海关法的修正面很大，海关法由原来的7章61条修改为9章102条，增加了“海关事务担保”和“执法监督”两章，增加了设立专门侦查走私犯罪的公安机构和缉私体制的规定、明确了报关企业的责任、增加对加工贸易管理的规定、增加税收保全和税收强制措施的规定、增加行政裁定的规定、完善海关担保制度、完善海关行政执法手段规定、增加完善对海关执法监督的规定、完善法律责任等。①

这一时期海关立法特点是：（1）中国加入世界贸易组织，海关法顺应国际海关法的发展。2001年中国加入世界贸易组织，在这前后中国法律体系进行了清理，修改完善不相符合的国内法律规定。海关法在修改过程中重点对照了世界贸易组织，特别是世界海关组织《京都公约》相关规定，并且将公约中有关申报前查看货物或提前货样、修改或撤销申报单、行政裁定制度等直接写进了海关法。（2）海关法重视打击走私和对海关权力的监督。鉴于当时日益严重的走私违法犯罪活动，国家成立了缉私警察，赋予海关刑事执法权，并在海关法中进行了明确规定。同时为防止

① 参见时任海关总署署长钱冠林1999年12月17日在第九届全国人民代表大会常务委员会第十三次会议上做的《关于〈中华人民共和国海关法修正案（草案）〉的说明》。

权力腐败，对海关执法监督进行了规定。（3）海关法强调国家对对外贸易和进出口活动的管理。此时期，海关税收对国家经济发展贡献度很大，为保证海关监督管理和税收管理，海关法加强了对进出口收发货人的管理以及税收管理等。

第四阶段：全面深化改革时期。2013 年 6 月 29 日第十二届全国人民代表大会常务委员会第三次会议通过《关于修改〈中华人民共和国文物保护法〉等十二部法律的决定》，将《2000 海关法》第 28 条第 2 款修改为："海关在特殊情况下对进出口货物予以免验，具体办法由海关总署制定。"[①] 2013 年 12 月 28 日第十二届全国人民代表大会常务委员会第六次会议通过《关于修改〈中华人民共和国海洋环境保护法〉等七部法律的决定》，对《2000 海关法》第 11 条第 1 款[②]、第 20 条第 1 款[③]、第

① 《2000 海关法》第 28 条第 2 款规定："经收发货人申请，海关总署批准，其进出口货物可以免验。"

② 将《2000 海关法》第 11 条第 1 款"进出口货物收发货人、报关企业办理报关手续，必须依法经海关注册登记。报关人员必须依法取得报关从业资格。未依法经海关注册登记的企业和未依法取得报关从业资格的人员，不得从事报关业务。"修改为："进出口货物收发货人、报关企业办理报关手续，必须依法经海关注册登记。未依法经海关注册登记，不得从事报关业务。"

③ 将《2000 海关法》第 20 条第 1 款"进出境船舶和航空器兼营境内客、货运输，需经海关同意，并应当符合海关监管要求。"修改为："进出境船舶和航空器兼营境内客、货运输，应当符合海关监管要求。"

26 条[①]、第 86 条第 8 项[②]、第 88 条[③]、第 89 条[④]和第 90 条[⑤]进行了修改。2016 年 11 月 7 日第十二届全国人民代表大会常务委员会第二十四次会议通过关于《修改〈中华人民共和国对外贸易法〉

---

① 将《2000 海关法》第 26 条"海关接受申报后，报关单证及其内容不得修改或者撤销；确有正当理由的，经海关同意，方可修改或者撤销。"修改为："海关接受申报后，报关单证及其内容不得修改或者撤销，但符合海关规定情形的除外。"

② 将《2000 海关法》第 86 条第 8 项"进出境运输工具，未经海关同意，擅自兼营或者改营境内运输的"修改为："（八）进出境运输工具，不符合海关监管要求或者未向海关办理手续，擅自兼营或者改营境内运输的"。

③ 删去《2000 海关法》第 88 条"未经海关注册登记和未取得报关从业资格从事报关业务的，由海关予以取缔，没收违法所得，可以并处罚款"中的"和未取得报关从业资格"。

④ 将《2000 海关法》第 89 条"报关企业、报关人员非法代理他人报关或者超出其业务范围进行报关活动的，由海关责令改正，处以罚款，暂停其执业；情节严重的，撤销其报关注册登记、取消其报关从业资格。"修改为："报关企业非法代理他人报关或者超出其业务范围进行报关活动的，由海关责令改正，处以罚款；情节严重的，撤销其报关注册登记。""报关人员非法代理他人报关或者超出其业务范围进行报关活动的，由海关责令改正，处以罚款。"

⑤ 将《2000 海关法》第 90 条"进出口货物收发货人、报关企业、报关人员向海关工作人员行贿的，由海关撤销其报关注册登记，取消其报关从业资格，并处以罚款；构成犯罪的，依法追究刑事责任，并不得重新注册登记为报关企业和取得报关从业资格证书。"修改为："进出口货物收发货人、报关企业向海关工作人员行贿的，由海关撤销其报关注册登记，并处以罚款；构成犯罪的，依法追究刑事责任，并不得重新注册登记为报关企业。""报关人员向海关工作人员行贿的，处以罚款；构成犯罪的，依法追究刑事责任。"

等十二部法律的决定》，对《2000 海关法》第 31 条①、第 59 条②进行了修改。

这一时期海关法立法特点是：（1）适应全面深化改革的需要，对海关法相关条文进行修改。十八届三中全会提出全面深化改革，其中重点对行政审批制度进行改革，取消了原来许多政府审批事项，2013 年全国人大常委会两次修改海关法，重点取消了海关审批事项，特别是报关从业资格，此外还包括海关监管中的一些海关批准事项。（2）按照依法治国和税法法定原则要求，国家着手制定《关税法》，海关法律体系面临调整完善。根据十八届三中全会提出的“落实税收法定原则”要求，全国人大常委会对现行 15 个税收条例上升为法律或废止做了安排，其中包括《关税条例》和《船舶吨税条例》。由于现行关税条例是根据海关法来制定的，关税条例上升为关税法后，面临如何处理和海关法、税收征管法之间的关系，海关法律体系面临重大调整。（3）对海关法的再次

---

① 将《2000 海关法》第 31 条“经海关批准暂时进口或者暂时出口的货物，应当在六个月内复运出境或者复运进境；在特殊情况下，经海关同意，可以延期。”修改为：“按照法律、行政法规、国务院或者海关总署规定暂时进口或者暂时出口的货物，应当在六个月内复运出境或者复运进境；需要延长复运出境或者复运进境期限的，应当根据海关总署的规定办理延期手续。”

② 将《2000 海关法》第 59 条“经海关批准暂时进口或者暂时出口的货物，以及特准进口的保税货物，在货物收发货人向海关缴纳相当于税款的保证金或者提供担保后，准予暂时免纳关税”中“经海关批准”删除。

全面修改迫在眉睫。随着海关全面深化改革、通关一体化和口岸建设，以及一带一路倡议的实施，WTO《贸易便利化协定》的生效实施等，现行海关法中很多规定已不适应改革发展需要，需要全面修订完善。

二、我国海关法的法律制度创新

在我国法律部门中，海关法尽管不是一个大的部门法律，但是由于海关负责进出境货物和物品的监管，市场经济活动中商品的跨境流动需要通过海关，通过商品的跨境流动，海关对国内国际两个市场的经济活动最先感知，也最为敏感。随着中国成为世界第二大经济体、第一大贸易出口国，改革开放中市场经济的很多前沿问题海关首先碰到，如何从法律制度上来应对和解决这些问题，通常也是海关法最先需要面对的。因此在海关法中海关法律制度的贡献十分独特，制度创新也十分突出。

（一）海关法对法人走私犯罪的规定，结束了刑法界长期以来关于法人犯罪有无的争论

传统大陆刑法理论不承认法人犯罪，因为是犯罪是自由意志选择的结果，自然人犯罪有主观故意和过失，其自由意志可以通过大脑反映出来，而法人是一群人集合而形成的单位，单位没有

像自然人一样的大脑，因此自由意志无从体现。此外，对自然人犯罪可以动用生命刑或自由刑，刑罚目的可以实现，而对法人犯罪生命刑和自由刑不起作用，同时违背罪责自负的原则。我国刑法理论受此影响，1979 年制定刑法时并无单位犯罪的规定。随着改革开放，特别是实行市场经济，经济领域中法人单位违法犯罪活动越来越突出，包括走私犯罪主体很多是单位法人，是否承认法人单位犯罪在刑法理论界争执不下①。《1987 海关法》第 47 条第 3 款规定："企业事业单位、国家机关、社会团体犯走私罪的，由司法机关对其主管人员和直接责任人员依法追究刑事责任；对该单位判处罚金，判处没收走私货物、物品、走私运输工具和违法所得。"这是我国法律第一次明确规定法人单位可以构成犯罪主体，是我国法律制度上的重大突破，具有十分重要的理论和实践意义。随后在多项经济犯罪中规定了犯罪单位犯罪，到 1997 年《刑法》修改时，走私罪的罪名扩大到 12 个，每个罪除自然人构成犯罪主体外，法人单位也可以构成。刑法理论界关于法人犯罪

① 为回应当时事实上存在的法人严重违法犯罪行为，在刑法理论界还有事实标准和理论标准的争论。肯定说认为，判定法人犯罪是否存在，只能遵守事实标准，而不能看法律上有无规定。随着《1987 海关法》对走私单位犯罪的规定，从此不存在只有事实标准而没有法律标准的问题了。关于当时法人犯罪肯定说否定说的争论，参见高铭暄主编：《新中国刑法科学简史》，中国人民公安大学出版社 1993 年版，第 105～114 页。

的争论也结束，此后转向完善法人单位犯罪立法上。

（二）海关法中海关事务担保制度的专章规定，是私法制度在公法中运用的大胆实践

担保制度是民法上的法律制度，是依法律规定或当事人约定，保障债权人的债权得以实现的法律制度。“二战”后，随着国际贸易在国家和国家之间的迅速发展，商品的跨境流动活动加剧，海关通关压力越来越大。为解决快速通关和有效监管之间的矛盾，民法中的担保制度被应用到海关法中。当时的法国等欧洲国家创造了海关具保放行制度，即应进出口贸易当事人的要求，在海关查验以后，征税以前，在当事人提供了担保后可以先予放行，这一制度也成为各国海关法通行做法，并被国际公约所提倡。《关于简化和协调海关手续的国际公约》（《京都公约》）总附约第 5 章专门规定了担保制度。《贸易便利化协定》第 7 条第 3 款也规定，将货物放行和关税、国内税、规费和费用的最终确定相分离，条件是以保证金、押金等形式或其法律法规规定的另一种形式提供担保。我国《2000 海关法》专门设“海关事务担保”一章，其中第 66 条规定：“在确定货物的商品归类、估价和提供有效报关单证或者办结其他海关手续前，收发货人要求放行货物的，海关应当在其提供与其依法应当履行的法律义务相适应的担保后放行。”2010 年国务院制定了《海关事务担保条例》，对担保事项、担保方式、总担保、免除担保、担保程序等作了较全面的规定。将私法中的担保制度应用到公法中，这是海关法律制度上的一个创造。

（三）海关行政裁定制度在海关法中的实践，是先例制度和成文法结合的成功范例

行政裁定制度最早源于美国海关法，由于进出口活动中大量商品进出，海关征税过程中，需要完成商品归类、估价、原产地等技术工作，因为通关时间有限，面对纷繁复杂的商品，要在短时间内完成这些工作几乎不可能。行政裁定将先例制度和成文法的优点进行了结合，应进口商的要求，在商品进口之前，海关针对归类、估价或原产地等进行有普遍约束力的裁定，适用于所有相同商品，在全关境内适用，这就从法律制度上帮助海关解决通关效率问题，同时也保证了海关执法的统一性。正因为行政裁定制度具有上述优点，该制度为各国海关法所采用。我国《2000 海关法》也借鉴了这一制度，第 43 条规定："海关可以根据对外贸易经营者提出的书面申请，对拟作进口或者出口的货物预先作出商品归类等行政裁定。进口或者出口相同货物，应当适用相同的商品归类行政裁定。海关对所作出的商品归类等行政裁定，应当予以公布。"2001 年海关总署制定了《海关行政裁定管理暂行办法》，对行政裁定的内容、适用范围、法律效力、程序等作了规定。2015 年海关受理了上海日东光学有限公司提交的商品名称为"偏光片(偏光板)"的商品归类行政裁定申请，6 月 3 日以海关总署公告 2015 年第 28 号（关于公布商品归类行政裁定的公告）作出了我国首个海关行政裁定，同年 9 月 14 日海关总署公告 2015 年第 41 号

[关于公布2015年商品归类行政裁定（Ⅱ）的公告][①] 2016年，海关总署公告2016年第12、21、31、33、78号公告分别对商品归类作出了5个行政裁定，2017年，海关总署公告2017年第21、31号公告又分别对商品归类作出了2个行政裁定，第35号公告首次对原产地作出了行政裁定[②]。针对个别进口贸易商的申请个案作出的具有和规章一样法律效力，且在全关境内适用的具有普遍约束力的行政裁定，实际上结合判例法中的先例制度灵活性，以及成文法的稳定性，适应了变化中的国际贸易需要，这在我国成文法律体系中是十分少有的，具有重要的参考意义。

（四）海关特殊监管区域法律的兴起，开拓了一般法中特别法新领域

海关特殊监管区是一个国家或地区为实现某些特定目的，如

① 海关受理了英格索兰机械（上海）有限公司提交的商品名称为“园区观光车”、通用电气医疗系统贸易发展（上海）有限公司提交的商品名称为“全身X射线计算机断层扫描系统用扫描架”、纽宝力精化（广州）有限公司提交的商品名称为“四溴双酚A”共三项商品归类行政裁定申请，并作出了行政裁定。

② 根据《中华人民共和国海关行政裁定管理暂行办法》（海关总署令第92号）和《中华人民共和国海关〈中华人民共和国政府和新西兰政府自由贸易协定〉项下进出口货物原产地管理办法》（海关总署令第175号），海关受理了恒天然商贸（上海）有限公司提交的“安佳脱脂奶粉”的原产地行政裁定申请，裁定确认相关货物具备中新FTA（自由贸易协定）项下新西兰原产资格。参见http://www.customs.gov.cn/eportal/ui?pageId=696401&currentPage=1&moduleId=803a199eac704a97a8ea1f0a18cb3a0e，最后访问日期：2017年10月17日。

吸引外资、扩大出口、促进转口贸易等，而实行特殊海关监管制度和政策的特定区域。这些特定区域各国叫法不一，如自由贸易区、自由港、自由贸易港区、出口加工区、自由区、保税仓库、对外贸易区等，但在这些区域实行特殊的海关监管制度则是共同的。各国经济发展阶段不同，海关特殊监管区发挥的作用重点也不同。发达国家通过海关特殊监管区发展本国转口贸易和运输，以及通过区内存储、加工、展示等发展相关行业、促进服务业的发展。发展中国家通过设立这样的特殊区域，发挥海关监管和关税上的优惠措施，吸引外资、从事加工和出口，促进本国对外经济发展。我国改革开放之初，就通过设立经济特区等特殊区域促进经济发展，海关设立保税仓库和出口监管仓库来支持对外经济活动，《1987 海关法》第 23 条就对保税货物的储存、加工、装配和寄售业务进行了原则规定。改革开放以后我国加工贸易发展迅速，20 世纪 90 年代以后，我国在沿海城市相继设立了 15 个保税区。《2000 海关法》第 33 条对加工贸易海关监管进行了规定，第 34 条对设立保税区等海关特殊监管区域做了规定。21 世纪以来，我国又先后设立了出口加工区、保税区物流园区、保税物流中心、保税港区和综合保税区等，这些海关特殊监管区域和场所在我国对外经济发展中发挥了重要作用。2013 年 8 月 22 日，国务院批准设立中国（上海）自由贸易试验区，至今国家已批准 11 个自由贸易试验区，自由贸易试验区的设立将海关特殊监管区的地位和作用推向了一个新的高度。由于海关特殊监管区域是海关设立的特殊监管区域，在海关监管和关税制度安排上区别于一般海关制度，因此在法律地位上处于海关特别法的地位，优先适用于海关特殊法律制度。纵观世界各国海关特殊监管区，都是采取先立法后设区的模式，实际上是通过特别法的形式赋予其在管理体制、海关监管、税收制度上的特殊权利，同时保障海关事务中央事权的统一。我国目前正着手《海关特殊监管区域条例》的制定，未来将建立海关特殊监管区法律体系，更好地适应改革发展的需要。

（五）国际海关法条约直接转化为我国海关法相关制度和规定，促进形成了独立国际海关法律制度体系

由于海关法律制度涉及国家和贸易商之间、国家和国家之间的关系，特别是国际贸易在国家和国家之间的迅速流动和快速增长，因此一国海关法律制度并不仅仅局限于国内法律规定，还必须遵守国际法的规定。在海关法律领域，已形成了独立国际海关法律制度体系。世界贸易组织（WTO）目标是促进贸易的自由化，海关法律制度是其重要组成部分，包括国际关税制度、国际通关制度和国际知识产权海关保护制度，其中重要的国际条约和规则包括《海关估价协议》、《原产地规则协议》、《与贸易有关的知识产权协议》和《贸易便利化协定》；世界海关组织（WCO）是目前世界上唯一的全球性、政府间的海关国际组织。截至2017年6月30日，世界海关组织制定了18个国际公约、83项建议书及相应附件、12项宣言、16项决议等一系列的国际海关法律制度[①]，这些法律文件包括基础性国际海关制度、加速国际贸易流通速度的执法规则、执法电子化构建机制等，其中基础性的国际公约包括《关于简化和协调海关手续的国际公约（京都公约）》、《协调商品名称和编码制度公约》、《暂准进口公约》（伊斯坦布尔公约）、《海关事务行政互助的国际公约》等；除 WTO、WCO 外，其他政府间国家组织，包括联合国欧洲经济委员会及其设立的贸易便利化和电子商务中心、联合国贸易发展会议，还有非政府间组织，包括国际标准化组织、国际商会、各类国际运输类协会或联盟等也在推动海关法律制度的协调化和统一化。其中比较有影响的有欧洲经济委员会主持和管理的 1975 年《TIR 证国际货物运输海关公约》，联合国制定的 1972 年《集装箱关务公约》，欧盟与 37 个国家制定的《反假冒贸易协定》等。以上这些国际海关法律规制事实上形成了独立国际海关法律制度体系，这个制度体系包括贸易类的国际海关制度（关税类国际海关制度、通关类海关制度）、边境管理类国际海关制度（知识产权海关保护的国际制度、绿色海关国际制度、供应链安全类国际制度）和海关国际制度与海关国际合作制度三大内容。[②] 我国海关法在制定过程中，严格遵循了国际海关法律制度的规定和要求，除 WTO 规则

---

① http://www.wcoomd.org/en/about-us/legal-instruments.aspx，最后访问日期：2017 年 10 月 13 日。

② 参见朱秋沅：《国际海关法研究》，法律出版社 2011 年版，第 34～39 页。

外，《2000海关法》重点参考了《京都公约》的规定，并将相关条文直接规定在我国海关法中，充分体现了海关法的国际法特征，将国际法律制度规定直接规定在国内法中这也是十分少有的。2015年9月4日，经国务院批准，中国向WTO提交《贸易便利化协定》接受书，该协定12条贸易便利化条款中，90%和海关相关，将对我国海关法未来的修改和完善产生直接影响。

三、我国海关法的法理探索

法律制度上的贡献和创新离不开理论研究的支持，长期以来我国一批理论和实践工作者为海关法的制定和完善做出了不懈探索，特别是近十年来，随着国际上对海关学术越来越重视①，我国

① 2005年国际海关高校联盟（the International Network of Customs Universities，INCU）成立，2006年世界海关组织“海关学术研究和发展伙伴关系”（Partnership in Customs Academic Research and Development，PICARD）项目启动，并制定海关职业标准，开展大学海关专业认证，每年举办PICARD大会。德国明斯特大学、荷兰伊拉姆斯大学、澳大利亚查尔斯顿大学等西方主要国家均培养海关专业硕士研究生，俄罗斯、乌克兰、阿塞拜疆等国家设立专门的海关大学（学院），建立了从本科生到博士研究生的完整培养体系。参见INCU官网http://incu.org/，以及David Widdowson（President，International Network of Customs Universities）《10 Years of promoting the academic standing of the customs profession》，载《World Customs Journal》（Volume 9，Number 2）。

学术界关心海关法的学者也越来越多，特别是一些高校设立专门的海关法研究机构，培养海关法研究方向的博士和硕士研究生，[①]大大丰富了海关法的研究，海关法的法理研究也初现百花齐放的局面，呈现越来越多综合性海关法研究的特点。

（一）我国海关法的国际法探索

一直以来，我国法学界将海关法定位在国内法，定位在行政法的范畴，尽管因为海关法的涉外性，特别是在对外贸易中没有办法回避海关法，一些论述将海关法纳入国际贸易法，作为政府管理贸易法的一部分。[②] 但简单将海关法归为国际贸易法的范畴存在问题，实际上两者有很大的不同：一是国际海关法和国际贸易规制法的内容与行政不同。国际贸易法是调整国际贸易交易关系和国际贸易规制关系的法律规范的总称，随着海关职能的拓展，

---

① 人才培养方面，对外经贸大学和上海海关学院开设了海关管理本科专业，复旦大学、对外经贸大学培养公共管理（MPA）海关管理方向研究生，上海海关学院培养税务专业海关税收方向研究生，复旦大学培养国际经济法专业国际海关法方向博士研究生；学术研究机构方面，上海市法学会成立专门的海关法研究理事会，上海海关学院设立海关法研究中心，复旦大学设有海关和外贸法律研究中心、中国人民大学设有海关和外汇研究所、中国政法大学设有海关法研究中心、对外经贸大学设有禾关关税研究中心，民间设立的还有北京睿库贸易安全及便利化研究中心等。

② 参见王传丽主编:《国际贸易法》（第 2 版）下篇“政府管理贸易的法律与制度”第 10 章第 1 节“关税措施”、第 11 章第 6 节“货物进出境的海关监管制度”。

为保护国家主权、供应链安全、濒危物种保护、打击走私和洗钱犯罪等，地位和作用越来越重要的边境管理制度并不属于国际贸易法的内容。二是国际海关法与国际贸易规制法的作用与历史发展规律不同。国际贸易规制法是近现代国际贸易发展的产物，随着自由贸易的发展，作为一种国际贸易规则的协调法，国际贸易规制制度中的进口许可证制度、装船前检验制度、动植物检疫制度、反倾销反补贴制度等，会随着国际贸易的发展而变化或消除。而海关是国家主权的产物，只要国家存在，海关就会存在，进出境通关管理制度就存在。①

“当代的国际海关制度，这个有机综合体的规则模式相对稳定，规则体系完整、自成体系，调整对象相对独立，具有自己特定的价值判断与基本原则，同时该综合体正处于不断的现代化与协调化的过程中。其能够满足作为一法的完整性、系统性、独立性、开放性等特征，因此，国际海关制度的有机综合体应当称为‘国际海关法’”。② 国际海关法学是以国际海关法为研究对象的法律学科。国际海关法是海关法律体系中独立于国内海关法的一个新兴部门法，它产生于“二战”后国际经济关系的新发展和国际海关合作。国际海关法（international customs law）是调整海关国

---

① 参见朱秋沅：《国际海关法研究》，法律出版社 2011 年版，第 40～42 页。

② 朱秋沅：《国际海关法研究》，法律出版社 2011 年版，第 42 页。

际关系的法律原则、规则、制度和规范的总和。国际海关法调整对象主要是海关事务国际协调关系和与海关事务国际协调关系相关的其他关系，海关事务国际协调关系是指各国就海关事务进行国际合作与协调所产生的各种关系，与海关事务国际协调关系相关的其他关系主要是指GATT/WTO所涉及和参与的海关国际关系。国家、全球性国际组织、包括关税同盟在内的区域性国际组织以及单独关税区成为国际海关法的主体。国际海关法必须遵循海关主权原则、通关便利化原则、平等互利原则以及多层次国际合作原则。国际海关法性质上属于国际公法，但是在部门法分类和部门法学分科上属于国际经济法的一分支。①

（二）我国海关法的宪法探索

自20世纪80年代以来，国际社会掀起了海关现代化改革的浪潮，我国海关也在90年代开始海关现代化改革，改革的直接原因是海关业务量高速增长而管理资源相对缺乏，导致“严密监管与高效运作”之间矛盾突出，海关改革缓解了矛盾。海关的现代化既是经济的现代化，也是立宪主义的现代化，从根本上解决公共利益和个人利益之间的冲突和矛盾。因此，应加强对海关权力的宪法研究。

① 参见何力：《国际海关法和国际海关法学基本问题初探》，载《上海海关学院学报》2007年第4期。

我国海关法对海关权力进行了规定，但这只是规范意义上的海关权力，从宪法角度来看，海关权力是海关在进出境监督管理活动中，以市场监管为基础，以公共服务为指导，借助法的功能，履行市场监管、宏观调控、公共服务和社会稳定等职能的公共权力；海关权力发展的基本脉络是从单一权力到复合权力，从分权到集权，从治权到主权，从政治权力到公共权力；只有市场经济、海关权力和立宪主义三者之间的良性互动，海关权力的发展对市场经济建设和立宪主义转型，才能发挥出积极的宪法价值及功能；国家主权和利益是海关权力的核心价值，人权是海关权力的终极价值，效率与公平是海关权力的基础价值，法治是海关权力的形式价值；海关权力公共性不断增强是海关权力发挥其宪法价值及功能的重要途径；我国海关权力的宪法化、海关现代化、海关职能与法的功能有机结合和海关廉政建设，是保证和促进我国海关权力公共性发展并不断增强的重要方面。

宪法实施是宪法学重要组成部分，其落脚点在于部门行政法的实施，从宪法审视海关法会获得不同分析视角，而在整个国家行政机关中，海关参与间接实施宪法的工作面，很可能是国家行政机关各部门中少数最为广泛的之一。法权中心主义将宪法视为“分配法权并规范其运用行为的根本法”，其重点是保障或兑现宪法确认的公民基本权利；落实宪法对国家权力的纵向和横向配置方案；维护公民基本权利与公权力的宪定边界。海关缉私处罚行政制度的基本问题，应是从控制行政权入手达到行政权与公民权之间的平衡，海关缉私惩罚制度的运行应当在落实我国以宪法形式所明示的政府权力与公民基本权利的界限这一过程中来实现，具体应当落实在解决好行政权与财产权的关系，司法权与人身自由关系等公权力与宪法基本权利的关系中。海关缉私调查权运行中的宪法问题包括对限制公民人身自由和财产权利的缉私权控制条件不足、海关缉私调查权执法空间扩张未严格适用法律保留、立法空白留下司法权对法律保留原则的僭越空间等问题。海关行政处罚中存在扩张性问题，刑事处罚中存在有违法律保留和比例原则的问题，这些问题都需要从宪法视角审视完善。①

（三）我国海关法的立法法探索

我国海关法领域业已形成由宪法、法律、行政法规、行政规章、规范性文件组成的海关法律体系。各种层级的海关立法所形成的应当是一个统一、完整的海关法律体系，高、低位阶的法律规范之间应当符合协调一致的立法原理。以上述标准审视现行海关法律体系，立法冲突问题十分突出，表现在海关法律规范与宪法规范相冲突、低位阶法律规范逾越高位阶法律规范所设定的权

① 参见万曙春：《宪法实施视点下海关缉私惩罚制度研究》，上海交通大学 2014 年博士学位论文。

限从而产生冲突、同位阶法律规范之间的冲突，消解现行海关法律体系中的立法冲突等问题，需要顺应时代发展要求、更新立法模式，积极、主动地参与国际海关立法，也需要借助违宪审查等机制来增强海关法律体系的统一性、系统性。① 此外，海关行政立法的制定公布执行尚未完全实现公开透明，海关行政立法尚未完全实现角色转换，缺乏服务意识，海关行政立法尚未完全实现对相对人合法权益的充分保护。②

除海关法律、行政法规、规章之外，还存在大量的海关规范性文件，这些文件包括海关总署根据国家有关法律法规和规章的规定制定发布的海关规范性文件、海关总署与其他部委联合制定发布的规范性文件、海关总署以通知批复形式（对全国海关或者某些海关以及某个海关但抄送全国海关或部分海关）就某类或某个法规性问题所做的专项规定或执法解释、地方海关拟定报经海关总署批准以本关区的名义颁布只在本关区有效的地区性海关管理规范性文件、海关总署与外国海关国际组织订立的双边多边合作协定。海关规范性文件存在的主要问题有：规范性文件本身的质量不高，包括权利义务不平衡、规定不严密不明确等；

---

① 参见吴展：《我国现行海关法律体系之立法检视》，载《海关与经贸研究》2016年第3期。

② 参见孙荣燕：《论入世后我国海关行政立法的完善》，对外经济贸易大学2003年法律硕士学位论文。

规范性文件之间存在冲突和混乱问题，包括是海关系统内规范性文件的冲突、海关规范性文件与其他部门和地方政府的规范性文件之间的冲突；规范性文件的效力不明确；此外还有超越立法权限、立法技术不高、不透明等问题，严重影响规范性文件质量。①

（四）我国海关法的行政法探索

《1987 海关法》制定伊始，关于海关法的性质就展开了不同的争论，主流观点认为海关法是行政法，因为海关是行政执法机关，海关法是海关监管等海关职能的依据，因此海关法是行政法。② 随着市场经济和对外贸易的发展，海关促进经济发展的作用越来越重要，海关法是否是经济法的分支，或海关法既归属行政法又归属经济法的观点开始出现，甚至就此展开了激烈的争论。③ 主张海关法属行政法的观点认为，海关法的宗旨是保护国家利益，海关法的法律渊源更多的是行政法律规范，尽管海关实践活动中，以问题为导向，吸收了其他法律部门的资源来解决海关法律问题，

---

① 参见何晓睿：《论海关规范性文件制定的规范性问题》，对外经济贸易大学 2002 年法律硕士学位论文。

② 参见成卉青：《海关法与海关法研究的若干问题》，载《海关研究》1987 年第 1 期；邵铁民：《海关法性质刍议》，载《海关教学与研究》1987 年第 4 期。

③ 参见朱秋沅：《一种学科角度的尝试：谈我国海关法的相对独立性及海关法学的前路》，载《上海海关学院学报》2010 年第 1 期；万曙春：《从行政法角度解读海关法的新发展》，载《上海海关学院学报》2010 年第 3 期。

但这并不否定海关法的行政法属性。现代行政法更强调行政过程，特别是行政过程中吸收利益相关方参与，行政法的功能从“秩序行政”向“服务行政”转变，行政法的发展出现公共服务趋向，这些都可以来解释海关法的新发展。

20 世纪 90 年代随着行政法“平衡论”的提出，海关法围绕“管理论”、“控权论”和“平衡论”进行了热烈的探讨。有观点提出可用平衡论的理论主张作为海关立法、执法和司法的指导思想，该理论对海关法可借鉴的指导意义在于在解决强调海关监管与提高通关速度、降低贸易成本的需要之间的矛盾时，必须在监管效率和通关便利间选择最佳的平衡点。[①] 随着 2000 年海关法的修改，特别是海关法中增加了“执法监督”专门一章，有观点认为我国海关法实际上还是受“控权论”思想的影响，把对海关权力的控制和制约放在首先考虑的位置。2000 年以后，我国行政许可法、行政强制法相继出台，行政诉讼法修改，海关法的相应修改完善也成为研究热点。例如，《行政强制法》明确滞纳金是行政强制执行方式之一，是对于拒不履行行政决定确定的金钱给付义务的当事人，以加处金钱给付义务的方式，迫使当事人履行义务。对比《行政强制法》的规定，海关法中税款滞纳金符

① 参见陈晖：《经济全球化下海关法面临的挑战及对策》，载《国际贸易问题》2005 年第 1 期。

合滞纳金的含义，但程序规定需要完善，而违规补税滞纳金就不符合规定，应该进行修改调整。类似的问题还有海关法中规定的扣留时间和《行政强制法》规定扣留时间不一致问题，也需要修改完善。此外，海关行政契约、海关行政指导、海关行政程序、海关行政处罚、海关行政救济等也都是海关行政法理论和实践关注的焦点。

（五）我国海关法的民法探索

一直以来为围绕海关行政法的探讨比较多，而少有从民法角度去研究海关法的，但随着我国民法典的编撰、物权法等民事基本法律的制定，特别是民法基本原则在市场经济活动中的尊重和推崇，海关法实践活动中越来越重视民法的相关规定，因此，出现了从民法立场观察和研究海关法律相关问题的研究成果。

物权法制定后，对海关法会产生什么影响？虽然《物权法》并不是海关行政管理和行政执法的直接依据，但是海关的一系列日常行政执法活动都涉及行政权对物权的限制与剥夺，《海关法》所确立的许多行政执法制度，如行政处罚制度、税收征管制度、税收强制制度、海关监管货物限制制度等，都会对行政相对人的物权产生直接而重大的影响。首先，善意取得制度应适用于走私货物的处理，这有利于保护市场经济交易的安全。海关在执行时不得向受让人提出返还原物，但海关可以向走私人追缴走私货物的等值价款。其次，担保物权会对海关监管、海关税收、海关行政处罚直接产生影响，留置、抵押、质押和让与担保都会和海关法产生冲突，对走私的行政处罚中也经常会遇到对走私货物处理和物权权利人权利之间的矛盾和冲突，司法实践中或出现损害物权权利人的、也或出现损害国家利益的判决，应及时研究解决涉及行政法与刑事立法、民事立法交叉、冲突以及行政部门法之间交叉、冲突的问题，特别是研究解决保护行政相对人以及第三人财产权的执法难题。①

民事法律关系先于海关法律关系产生，海关法律关系正式基于买卖合同关系、运输合同关系、代理合同关系、担保合同关系等平等主体之间的贸易关系以及由此带来的贸易跨境流动才发生，表现在关税法律制度对民事法律关系的承认，如海关估价制度对民事交易效力的承认、接退运的退税制度对合同救济效力的承认、税收担保制度援用担保制度，代理报关制度以民事代理关系成立为基础，知识产权海关保护制度按照知识产权法保护知识产权，海关事务担保对担保制度的援用与发展等。但是海关法对民事法律关系重视不够，表现在对民事所有权考虑不充分，以进出口货物的收发货人代替货物所有人、以处罚名义的收发货人代替对实际违法走私人的处罚、要求来料加工向海关负责，放弃了对境外

① 参见孙媛媛：《物权法对海关行政执法的影响及其对策研究》，上海社会科学院法学研究所 2008 年硕士学位论文。

货主企业的监管权力、租赁货物进口由承租人向海关负责、真实货主无法退运、海关事务担保的被担保人可能不是货物权利人等；海关法对民事债权债务关系重视不够，表现在海关执法对债的关系中权利义务的整体联系考虑不够、由报关代理人承担被代理人的责任难免过苛等。民事权利的缺位导致一系列的问题，包括真正的权利人寻求法律救济的权利受损、其他法律的相关制度不能代替海关法赋予所有权人海关法律关系主体地位、民事主体之间的约定难以切实保护民事权利、正常的民事法律关系受到挤压。海关法律的制定需要容纳民法制度，海关法律的解释需要引入民法的思想，海关法律的适用需要尊重和保护所有权，当前海关法律应当重点吸收善意取得制度、借鉴完善占有制度、对报关代理人责任的重新确定、运输工具负责人重新定义、以对走私人的处罚取代管物不管人的原则、协调税收保全与物上担保权、协调商业秘密保护与海关监管。①

（六）我国海关法的经济法探索

由于海关法内容涉及对外经济活动，特别是国家通过行政管理手段对宏观经济活动进行调整，因此一批学者认为海关法是经济法，并从经济法视角进行论证和研究。

海关法是典型的经济法，海关法的目的与原则正是追求对社

① 参见刘达方：《公私法交错中的海关事务担保制度研究》，复旦大学2013年博士学位论文。

会整体经济利益的维护促进，以及贸易界这一团体利益的实现，这和经济法所追求的社会整体利益的实现与实质公平为目标十分吻合；海关法下的海关是一个经济机关，它主要承担国家经济宏观协调与管理的功能，同时他也是社会利益的维护者，这和经济法以社会利益为本位也是一致的；海关与提供商界的关系从原来的监管，转变有着共同利益追求的伙伴关系，这符合经济法律关系特点；海关法中出现了许多灵活的方式，如提倡、表彰、奖励、劝阻、告诫、协助、协调、协商沟通、指导、引导、辅导、帮助、宣传、示范、推荐、推广、咨询、和解、调解等，这些灵活、柔性、非制裁性、非强制性以及事前预防的调整方法突破了行政法的调整方法，而与经济法的调整方法一致；海关法律制度，是由关税制度，通关制度，保税与特殊监管区域制度，海关边境制度，法律责任制度以及海关执法异议的救济制度等组成。其中，AEO制度与企业分类管理制度就是经济法中典型的市场主体法或经济法主体规则，关税、通关、保税、特殊区域、边境执法、法律责任等制度是为了实现国家的宏观调控、提高贸易效率，提升我国贸易竞争力与投资环境、保证社会安全、促进社会利益增长的或积极，或制裁性的经济法规则，所以说海关法的绝大部分具体制度都是经济法规则。①

① 参见朱秋沅：《一种学科角度的尝试：谈我国海关法的相对独立性及海关法学的前路》，载《上海海关学院学报》2010 年第 1 期。

海关法是经济法，是就海关管理关系的绝大多数而言。并不排除部分海关管理关系具有非经济性，因而这些调整非经济性管理关系的法律规范属于行政法或其他部门法。① 海关法主要是行政法和经济法两种法内容的融合。一方面，海关是国家设在关境的监督管理行政机关，职责是对进出境运输工具、货物、物品进行监督管理，其行政行为有行政许可、行政强制、行政处罚、行政责任等实体和程序性规定，其组织保证有规定海关职能、任务、机构、人员和工作制度的法律、相关法规和规范性文件，这些是海关法中的行政法内容；另一方面，海关法是对与进出境有关的经济行为的规范，海关法中的最主要部分，是在调整国家涉外经济管理活动中发生的社会关系，表现为通过征减免税、通关管理、打击走私、编制海关统计等维护正常的市场竞争秩序，创造公平有序的贸易环境，通过对国家相关进出口经济政策的执行，进行相应的贸易管制，保护国家经济和政治安全，海关与管理相对人之间是一种经济管理与被管理关系，这些体现了海关法的经济法内容。用经济法的视角审视海关法，我国海关经济法的基本框架和内容包括：以海关税法为轴心的法律规范、以保税制度为主要内容的优惠制度安排、以通关便利化为主要内容的制度安排、风

① 参见何晓兵：《论海关法的概念、性质和特征》，载《海关研究》1987 年第 3 期。

险管理已成为贯穿海关管理全过程的管理模式、信息技术的应用使得海关管理效能得到显著提高、在贸易便利和安全方面的考虑和行动、通过行政合同等形式的特殊通关优惠。①

（七）我国海关法的刑法探索

走私是违反海关法的严重违法犯罪行为，除海关法规定外，1979 年《刑法》第 116 条对走私罪进行了规定，1997 年《刑法》在分则第三章专门设“走私罪”一节对走私罪进行规定。由于走私罪是比较常见的经济犯罪，近年来从海关法角度对走私罪的研究是比较充分的，也比较成体系。

概括而言，1979 年《刑法》规定走私犯罪前后，关注的主要理论问题是如何区分一般走私行为和重大走私行为，前者是一般走私违法行为，后者是走私犯罪。② 而 1979 年《刑法》颁布以后，关注的刑法理论问题有走私罪的概念、走私罪的特征、走私罪的主观方面、走私罪的目的、什么是以走私为常业、走私集团的认定、如何理解走私“情节特别严重”等。③《1987 海关法》颁布以

① 参见张洪光：《论我国海关经济法的完善和发展》，东北财经大学 2004 年硕士学位论文，第 3 页。

② 参见高铭暄编著：《中华人民共和国刑法的孕育和诞生》，法律出版社 1981 年版，第 161 ~163 页。

③ 参见高铭暄主编：《新中国刑法学研究综述（1945—1985）》，河南人民出版社 1986 年版，第 544 ~558 页。

及1988年全国人大常委会《关于惩治走私罪的补充规定》公布前后，刑法理论关注的主要问题有走私罪是否以牟利为目的、逃汇套汇是否从走私罪中独立出来成为一个新的罪名、贩私应如何定性、走私罪与盗运珍贵文物出口罪的关系问题等。① 1997年新刑法颁布以后，刑法学界关注的主要问题有刑法第151条的罪名、走私罪的构成要件（主观方面、客体）、走私罪的形态（停止形态、共犯形态、罪数形态）、单位走私、走私个罪、武装掩护走私、走私罪的立法完善、走私罪死刑的修改等。②

由于我国海关法对走私进行了规定，而走私罪是依附于行政法的犯罪，因此，海关法对走私罪的理论和实践探索对完善走私罪刑法规定十分重要。③ 海关法对走私罪的探讨分为两个阶段：第一个阶段是1998年成立缉私警察，赋予海关刑事司法权以前。此阶段主要是围绕海关法的规定，对违反海关法行为中的走私罪与走私行为、走私行为与违反海关监管规定的行为（违规行为）之

---

① 参见高铭暄主编：《新中国刑法科学简史》，中国人民公安大学出版社1993年版，第231～235页。

② 参见赵秉志主编：《刑法学各论研究综述（1978—2008）》，北京师范大学出版社2009年版，第125～142页。

③ 我国刑法学界对走私犯罪主要是从刑法条文的角度进行注释性的解释和论述，而结合海关业务实践在理论上研究得不够，陈兴良教授也曾指出，刑法学界对走私罪缺乏有深度的研究。参见陈兴良主编：《刑事法判解》（第3卷），法律出版社2001年版，第2页。

间的区别进行辨析。第二个阶段是1998年成立缉私警察，赋予海关刑事司法权以后。由于修改后的海关法增加规定，国家在海关总署设立专门侦察走私犯罪的公安机构，配备专职缉私警察，负责对其管辖的走私犯罪案件的侦查、拘留、执行逮捕、预审。海关不再仅仅关注走私行政违法行为，而更加关注走私犯罪问题，尤其是新刑法中走私犯罪的规定在司法实践中遇到的一些争议问题，如走私普通货物、物品罪中偷逃应缴税额的理解和认定、走私运输工具的没收、刑法第155条第2款中“内海”是否包括珠江口等经常发生水上走私的江河入海口、走私违禁品的范围等，以上这些争议问题的讨论推动了最高人民法院两个司法解释和一个司法解释性意见的出台，基本解决了司法实践中的一些争议问题。

四、我国海关法的法律体系完善

近二十年来，中国海关现代化经历了从通关作业改革，初步建立起现代海关制度（1998年到2003年），到以风险管理为中心环节，建立比较完善的现代海关制度（2004年到2010年），到开展分类通关、无纸化通关等多项通关领域改革，完善企业分类管理，探索由企及物、综合监管的大监管体系（2011年到2012年）

等不同的改革发展阶段，2014 年《海关全面深化改革总体方案》提出了总体目标是："建设中国特色社会主义海关，以构建一体化通关管理格局为抓手，转变职能实现方式，创新组织管理，打造先进的、在国际上最具竞争力的海关监管机制，促进贸易安全与便利，推进海关治理体系和治理能力现代化"。到 2020 年，在海关全面深化改革的重要领域和关键环节取得决定性成果。

在改革过程中，遵循法治是首要遵从的原则，"运用法治思维和法治方式，夯实改革基础、凝聚改革共识、破解改革难题、提升改革成效，切实发挥法治对改革的引领、推动、规范和保障作用。及时将改革成果通过法治方式予以巩固和确认，实现立法和改革决策相衔接，做到重大改革于法有据、立法主动适应改革和经济社会发展需要。"① 海关法是海关改革的法律基础，也是基本法律保障，海关法律体系的完善是发挥法治对改革引领、推动、规范和保障作用的前提条件。以下是海关法律体系完善应该处理好的七大关系。

（一）我国海关法典编撰和分散式立法的关系

我国现行海关法律采取的分散式立法方式，除海关法作为基本法律以外，分别通过海关行政法规、行政规章、规范性文件所构成，实践中遇到问题，也往往通过保留、废止、修改的清单和

① 海关总署：《海关全面深化改革总体方案》。

海关法规、文件汇编和选编等方式具体体现出来，这样一种分散式立法的方式虽比较灵活，适应海关改革和实践发展需要，但是也存在“由于海关的规定和文件数量多，涉及面广，相互关联性强，变化频繁，仅有清单和汇编、选编仍然无法搞清到底有多少有效规定和怎样规定的问题”①。随着海关全面深化改革的推进，海关治理体系和治理能力的现代化，以及中国特色社会主义海关目标的逐步实现，应该考虑将成熟的海关制度通过法典的形式固定下来。

法典编纂实际上是使法律规范系统化的一种立法活动，在重新审查某一法律部门中的全部现有法律规范的基础上编纂该部门的法典，既要整理已有的规范消除其缺陷，又要制定新的规范，添补空白，加强规范间的协调，使之形成一个基于某些共同原则，有内在联系的统一体。以美国海关法为例，主要规定在《美国法典》（共 50 卷）第 19 卷“关税卷”，包括 26 章，该法典每 6 年编纂一次，编纂机构是美国国会众议院法律修订委员会办公室，美国国会每通过一部法律，在发行单行本的同时，该机构将这一部法律分解为若干部分，再根据规范的内容编排到 50 个主题的相关卷中，这样极大地方便了查阅有效的法律规定，也方便了法律的

① 何晓睿：《论海关规范性文件制定的规范性问题》，对外经济贸易大学 2002 年法律硕士学位论文，第 28 页。

执行。类似地，美国联邦政府制定的行政法规《联邦法规汇编》每一年编纂更新一次，联邦政府办公室具体负责对每天编辑的联邦政府公报进行拆解、重新组合，对相应修改或变动较多的，将原件抽出更新，修改或变动较少的，在该期的封底另页补充，没有修改或变动的，将原封面换为新版封面，注明新的日期。美国海关法的这种做法值得我们学习借鉴。

有学者提出以“法律规范”为基本单位编纂我国《海关法典》，法典中建两个索引，一个索引海关法典中的每一个规范具体出自哪一个法律、法规、规章或者文件，解决海关法典条文的原始法律效力问题；另一个索引是每一个有效的或者需要海关执行的法律、法规、规章或者文件的规定，在海关法典中具体为哪一条、款、项、目，解决每一立法和文件规定在海关法典中的位置问题①。笔者认为，法典编撰的工程浩大，非投入巨大的人力物力财力不可能完成。比较可行的方法是分步走，第一步：在每一次海关法条文修正后，重新编撰发布修订后的海关法全文，同时清理对应行政法规、行政规章和规范性文件，该修改的修改、该废止的废止，该补充的补充，分别按照法律、行政法规、行政规章和规范性文件的顺序对有效的法律法规进行清理发布，对实效的

① 参见何晓睿:《论海关规范性文件制定的规范性问题》，对外经济贸易大学 2002 年法律硕士学位论文，第 28 页。

法律法规和条文也一并清理发布；第二步：条件成熟时，组织对现行海关法律规范进行系统梳理，将海关法典篇章结构等体系固定下来后，对海关法律规范进行体系性分解，并根据固化下来的海关法律规范进行法律规范和后果的法律、行政法规、行政规章和规范性文件的对应工作，最后形成统一的海关法典。检索时，可以按法典的篇章结构进行检索，也可以按法律、行政法规、规章、规范性文件进行检索。

（二）我国海关法和关税法的关系

落实“税收法定原则”是党的十八届三中全会决定提出的一项重要改革任务，根据全国人大的立法安排，已着手对《关税条例》进行修改，制定《关税法》，由于《关税条例》第 1 条明确规定是根据《海关法》的有关规定制定本条例，因此，一旦关税立法从行政法规层次提高到法律层次，海关法律体系面临如何处理《海关法》和《关税法》的关系问题，包括《关税法》如何处理和《海关法》第五章“关税”的关系、《关税法》和国际海关法的关系、《关税法》和关税规章之间的关系等。

有观点认为，《海关法》和《关税法》是一般法和特别法的关系，应将关税法定位为关税的专门法，它统一、系统规定关税基本制度，而海关法只是从海关监管的角度涉及少量关税制度，不对关税基本制度作出全面规定。关税法立法时，应当将现行海关法关税一章的内容吸收进来，将来海关法修订时，应当对其关税的内容进行调整，只侧重于规定与海关监管有关的关税制度，特别是关税征管制度等。① 这一观点总体上看好像没有什么问题，但在实际操作中就会发现《关税法》实际上取代了《海关法》第5章内容，换句话讲，《海关法》第53条至第65条将完全被替代，这将占去了总共才102条的海关法条文相当一部分内容。立法中的《关税法》（草案）基本上是以现行《关税条例》为依据，将条例中总则、关税税率的设置和适用、完税价格的确定、关税的征收等纳入其中，按照《税收征管法》的规定等进行了完善。这些规定和海关法"关税"一章内容高度重合，《关税法》一旦立法通过，事实上将取代海关法"关税"一章。由于我国海关法立法采取的是"宜出不宜细"的立法模式，海关法本身都是原则性规定，因此一旦被替代，海关法面临重新定位的问题。可能出现的情况是，原来由海关法为基本法律构成的一元海关法律体系将变成海关法、关税法作为基本法律构成的新的二元海关法律体系，由此带来的海关行政法规、海关行政规章都要相应作出调整，将会出现由《海关法》下来的行政法规、规章和规范性文件组成的海关法法律体系，和由《关税法》下来的行政法规、规章和规范性文件组成的关税法法律体系，共同组成完整的海关法律体系，该法

① 参见施正文、刘奇超：《中国关税法的定位和框架》，载《海关与经贸研究》2016年第6期。

律体系需要进一步协调完善。

(三) 我国普通海关法和特别海关法的关系

现代海关法已从传统征税、监管向减免税、免除一般监管、便利贸易方向转变，海关特殊监管区法律制度在促进贸易便利化方面发挥着越来越重要的作用。海关特殊监管区对贸易便利化的贡献表现在以下三个方面：一是税收优惠。海关特殊监管区内的货物一般享受保税、减税或免税的优惠。例如，欧盟法律规定，在这些区域内货物可以享有优惠的货物进入该区域后免于进口税，增值税和其他进口费用。欧盟的出口货物进入自由区，也免于征收增值税。二是免于惯常的海关手续。国外货物可以自由进入海关特殊监管区域，货物在区内可自由储存、加工、展示或转运，而不需要申请或批准。国内货物进入海关特殊监管区域可以视为出口，享受出口退税政策等。三是区域内货物的分类管理。主要将货物分为从国内入区的货物和从国外入区的货物两类，海关根据货物地位的不同进行监管或提供法律规定的优惠措施等。

《2000海关法》仅在第34条规定，经国务院批准设立的保税区等海关特殊监管区域，由海关按照国家有关规定实施监管。但在法律层面，没有专门的海关特殊监管区域立法，也没有专门的行政法规，虽然颁布有对保税区、出口加工区、保税物流园区、保税港区等海关监管办法，但存在法律层次不高、规定不统一等问题。自2013年我国设立中国（上海）自由贸易试验区以来，已先后批准设立11个自由贸易试验区，为适应改革需要，全国人大常委会还授权国务院在中国自由贸易试验区暂时调整有关法律规定的行政审批，而在地方立法层面，上海市人大常委会制定了《中国（上海）自由贸易试验区条例》，该条例从管理体制、投资开放、贸易便利、金融服务、税收管理、综合监管、法治环境等方面进行了较全面规定。对照海关法相关规定，海关特殊监管区域立法明显不适应中国自由贸易试验区的发展，迫切需要制定独立的海关特殊监管区法律，为中国自由贸易试验区的发展提供法治保障。

海关特殊监管区法和海关法是海关特殊法和海关普通法的关系，前者应对海关特殊监管区管理体制、设立、货物监管、税收、保税加工、储存、展示、退出等进行全面规定，以上规定区别于海关法对一般货物的海关监管、税收规定，属于海关特别法，而海关法则为海关普通法。海关普通法和海关特别法立体体例在世界上早有先例，以美国为例，其《对外贸易区法》就是海关法特别法。美国虽然是英美法系，但海关事务是联邦事权，海关法是成文法，编入《联邦法典》第19卷“关税”，其中，《对外贸易区法》编入第1A章81a至81u，总共21条。《对外贸易区法》明确规定，只有在特定情况下，海关法律才能在对外贸易区适用，从法律地位上来看，《对外贸易区法》就是海关特别法，适用特别法优于普通法的原则。未来我国海关法律体系也必须在制定海关特殊监管区域法的基础上，进一步处理好海关普通法和海关特别法的关系，适应对外经济发展和贸易便利化的需要。

（四）我国海关实体法和海关程序法的关系

我国海关法是业务性较强的一部法律，其章节主要按照海关监管对象进出境运输工具、进出境货物、进出境物品、关税等来安排，这些内容如果用“海关债”的原理来梳理，实际上可以理解为进出境过程中围绕运输工具、货物、物品、关税等，海关和进出口货物收发货人、报关代理人、运输工具负责人之间形成的权力义务关系，尽管具体条文规定有程序性规定，如何时报关、何时纳税、超期申报纳税的处理等，但实质上是因为“海关债”而发生的海关权利义务关系，仍可以视为海关实体权利义务关系，属于海关实体法的内容。这些内容尽管随着实践的发展有需要进一步完善的地方，但在海关法体系中得到充分重视，内容也十分丰富。

海关法中重视不够的是海关程序法的规定，如果说海关实体法关注的是海关业务活动中的权利义务关系，包括通关法律关系、关税法律关系、海关边境保护法律关系、海关特殊监管区域法律关系等，那么海关程序法主要是从行政行为过程关注程序法在海关法上的意义，包括海关立法、海关行政许可、海关行政强制、海关行政处罚、海关行政复议、海关行政诉讼、海关行政赔偿等，这些内容具有法定性特点，国家都有专门立法，必须执行；具有多样性的特点，海关法尽管只是进出境监督管理的法律，但是进出国家大门的政治、经济、文化等活动方方面面涉及，行政程序法内容均有体现；具有分散性特点，海关法中没有专门海关行政程序法，行政程序法的要求具体体现在海关法、海关法规和海关规章中，这给海关立法和执法提出很高的要求。因此，如何在海关法中充分体现行政程序法的要求是完善海关法必须面对解决的一个重要问题。以关税征收为例，除根据海关法的规定外，尽管《税收征收管理法》有“关税及海关代征税收的征收管理，依照法律、行政法规的有关规定执行”的规定，对于关税的征收必须和《税收征收管理法》规定精神一致，包括纳税义务人、追征税款、纳税主体变更税款征收、税收优先权、税收保全、税款退还等。

（五）我国海关法与海关行政法规、规章的关系

我国海关法律体系由海关法律、行政法规、规章所组成，其中海关法律 2 部，包括海关法、海关关衔条例；行政法规 16 部，重要的有海关事务担保条例、海关行政处罚实施条例、知识产权海关保护条例、进出口关税条例、进出口货物原产地条例、海关统计条例、海关稽查条例、船舶吨税暂行条例、海关对出口加工区监管的暂行办法、保税区海关监管办法；海关总署规章及公告 758 件，合计 776 部（件）。①

---

① 以上统计截止日期为 2015 年 6 月 30 日。参见海关总署政策法规司编：《中华人民共和国海关法规汇编》，中国海关出版社 2015 年版。

我国海关法律体系中存在以下问题：（1）与海关执法相关的法律、行政法规需要进一步协调。比较重要的有和《对外贸易法》《海商法》《进出境动植物检验检疫法》等相互协调问题。以《海关法》和《海商法》的关系为例，首先，《海关法》没有设定承运人的概念，而采用了“运输工具负责人”提法，《海关法》对何为“运输工具负责人”不明确，《海商法》第42条不仅明确规定了承运人的定义，还对实际承运人予以区分。《海关法》应与《海商法》相协调，采用国际通用的法律术语“承运人”这一概念。其次，我国《海关法》没有确立关税优先权的制度，但是《海商法》却有特殊的船舶优先权制度。《海关法》关于关税优先权的空白不仅容易造成关税的流失，使关税无法应收尽收，同时也产生了在“船舶吨税”征收问题上的法律规范的冲突。最后，《海商法》第86条对目的港无人提货作了规定，但该规定和《海关法》第30条运输工具的申报之间有冲突，需要立法协调。[①] 再以《海关法》和《进出境动植物检验检疫法》的关系为例，由于体制上和立法上的原因，两部法律规定之间存在冲突，导致实践中存在法律漏洞。《海关法》第37条规定，海关监管货物，未经海关许可，不得擅自处置。《进出境动植物检验检疫法》第14条规定，未经口岸动

① 参见刘海燕：《关于〈海商法〉与〈海关法〉立法冲突的若干思考》，载《上海海关学院学报》2009年第1期。

植物检疫机关同意，不得卸离运输工具。这里存在一个悖论，海关和检验检疫机构任何一方现行都会违法法律规定，即谁先依据本部门的法律规定要求进口企业配合检查，都可能违反另一部法律。[①]（2）由于历史的原因，行政法规和规章混淆不清。《中华人民共和国立法法》出台以前，主要规范海关事务的行政法规是经国务院批准，以总署令的形式对外公布。如《保税区海关监管办法》1997 年 6 月 10 日国务院批准，1997 年 8 月 1 日海关总署令第 65 号发布。类似的还有海关对出口加工区监管的暂行办法、关于外国驻中国使馆和使馆人员进出境物品的规定、外国在华常驻人员携带进境物品进口税收暂行规定、海关工作人员使用武器和警械的规定、残疾人专用品免征进口税收暂行规定等。这实际上造成了执法依据效力的混淆。（3）海关行政法规不成体系，重要的海关行政法规阙如。我国行政法规的制定主要以问题为导向，根据实践的需要来提出需求，并按照一定制定程序来制定，这一特点比较好地解决实际问题，缺点是海关行政法规制定缺乏顶层设计，不成体系。比如海关监管是海关重要职能，海关法也是以通关为线索来设计的，但在行政法规层面缺少一部“海关监管条例”

① 参见马忠法、吴松浩：《〈海关法〉与〈进出境动植物检验检疫法〉关系协调之探讨——以进境动植物检验检疫为视角》，载《海关法评论》（第 1 卷），法律出版社 2010 年版，第 252～277 页。

来细化海关法的规定，同时引领下位海关规章。类似缺少的重要行政法规还有“海关特殊监管区条例”“口岸条例”“缉私条例”等。(4) 海关行政规章的体系不完整。由于海关行政法规缺乏顶层设计，重要的海关行政法规立法上空白，因此影响相应海关行政规章的制定，海关行政规章的体系需要完善。

(六) 我国海关行政法和海关附属刑法的关系

我国《海关法》第82条对走私作了基本规定，由于海关法非刑事法律，对走私犯罪的规定则由刑法规定。刑法分则第三章“破坏社会主义市场经济秩序罪”第二节“走私罪”第151条至第157条共7条分别规定了走私武器弹药罪、走私核材料罪、走私假币罪等十个罪名，此外刑法分则第六章“妨害社会管理秩序罪”第七节“走私、贩卖、运输、制造毒品罪”第347条规定了走私毒品罪、第350条规定了走私制毒物品罪。刑法修正案(四)、(七)、(八)、(九) 分别对走私犯罪相关法律条文进行了修改。这些修改主要集中在：一是废除了走私固体废物罪、走私珍稀植物及其制品罪，增加了走私废物罪、走私国家禁止进出口的货物物品罪；二是先后两次废除了走私犯罪的死刑规定；三是扩大走私犯罪的犯罪对象，扩大走私犯罪的客观行为的范围，根据“宽严相济”政策需要，不断调整走私罪与非罪、重罪与轻罪的界限等。

由于走私犯罪是从属于海关法的行政犯罪，因此其行政从属性十分强，表现在：一是概念上从属于海关法等行政法律法规，如什么是逃避海关监管、偷逃税额的范围、进料加工和来料加工保税监管等；二是走私犯罪的规定是空白罪状，必须通过海关法等行政法律法规来补充；三是走私犯罪具有刑事违法和行政违法双重违法性特点，行政违法性由于行政法具有变动的特点而使走私犯罪的界限处于变化中，这和自然犯罪有很大的不同。我国刑法没有附属刑法的立法例，即所有犯罪和刑罚规定在刑法典中，而没有允许行政犯罪和经济犯罪规定在行政法律和经济法律中，这也造成刑法和海关法之间关系的紧张：一是如何把握走私犯罪的空白犯罪构成要件，对于刑法没有明文规定，但海关法律明文规定不允许进出口的货物物品，是认为“法无明文规定不为罪”呢，还是认为并不违反罪刑法定原则？二是海关法律的修改是否可以阻却走私犯罪的违法性，如果可以，是否破坏了刑法基本法律属性，违背了法治的基本原则；三是刑法从法益观点来审视刑事法律关系，海关法以控权论来审视海关行政法律关系，当二者对同一法律关系产生了认识分歧，如何协调处理等？以上这些问题，需要从根本上处理好海关法和海关附属刑事法律之间的关系。

（七）我国国内海关法和国际海关法的关系

由于海关手续规则的国际统一性，某种意义上，一国海关法就是国际海关法，世界海关组织重要的国际条约，如商品税则和归类、海关估价、原产地等问题上技术标准的一致性，对世界各国有共同适用性；同时，由于国家主权的独立性，一国海关法又当然是国内海关法，不存在只适用国际海关条约规定，无国内海关法的情形。目前，我国海关已加入《京都公约》、《协调制度公约》、ATA公约、伊斯坦布尔公约等，也已实施《全球贸易安全与便利标准框架》，并积极参加了国际海关规则的制度。但是，根据我国立法原则，国际条约不能直接适用，需要通过转化为国内立法。因此处理好国际海关法和国内海关法是十分重要的问题。

以《贸易便利化协定》为例，该协定于2013年12月在印尼巴厘岛达成并于2017年2月22日生效，是世界贸易组织成立20多年来达成的首个多边贸易协定，是多哈回合谈判启动以来取得的重要突破。2014年6月30日，中国成为第9个向WTO秘书处正式通报协定A类措施的成员，2015年9月4日，经国务院批准，中国成为第16个向WTO提交《贸易便利化协定》接受书的成员。《贸易便利化协定》内容与海关业务关系密切，对简化海关及口岸通关程序、促进贸易便利作了全面规定，其中90%以上的贸易便利化措施直接与海关业务相关，内容几乎涉及海关各个业务领域。为保证协定的实施，中国海关对相关法律法规进行了对比梳理，确保了现行法律法规和实际执行和协定一致。但仔细对比分析，依然存在以下问题，需要进一步在国际法和国内法上进行协调完善。

一是国内立法层次不高的问题。对应协定12条内容，直接对应的国内法律、行政法规较少，更多的是规章，甚至是规范性文件。对应法律的主要有海关法中有关行政裁定、海关担保、海关稽查、报关代理、过境、转运、通运货物的规定等、对应的行政法规主要有《海关行政处罚条例》《海关稽查条例》等，其他内容主要对应海关规章或规范性文件，“信息的公布与可获性”对应是《海关政府信息公开办法》、“评论机会、生效前信息及磋商”对应的是《海关立法工作管理规定》，“对进出口征收与进出口相关的规费和费用的一般纪律”对应的有规范性文件《海关总署关于对进出口环节经营服务性收费实行正面清单管理的通知》（署财发〔2015〕140 号），“对经认证的经营者的贸易便利化措施”对应的是《海关企业信用管理暂行办法》，“易腐货物”对应的是《海关进出口货物集中申报管理办法》和《海关进出口货物查验管理办法》，“过境自由”对应的是《海关对过境货物监管办法》。

二是一些做法是通过海关改革来体现，缺乏相应的法律规定和法律保障。如“电子支付”税费是通过建设全国海关税费电子支付系统来逐步实现，“风险管理”是通过 20 多年海关改革来实现的①“受海关监管的进口货物的移动”则因为全国通关一体化改

① 1995 年全国海关关长会议提出要建立中国的海关风险管理制度，1998 年的大通关作业改革将风险管理融入中国海关现代化进程，现代海关制度第二步发展战略将风险管理确立为中心环节，2002 年和 2005 年海关总署分别制定了《建立海关风险管理体系框架方案》《建立健全风险管理机制总体框架》，2014 年《海关全面深化改革方案》中提出建立风险防控中心，实施业务风险集中防控。

革，海关转关监管模式逐步取消，“手续和单证要求”朝通关作业无纸化方向发展，“单一窗口”则纳入国家重点任务，实现在全国推广应用。

三是国内立法之间不协调问题。不协调表现在法律依据分散不统一，“预裁定”对应的分别是《海关行政裁定管理暂行办法》《海关进出口货物商品归类管理规定》《海关进出口货物优惠原产地管理规定》《进口货物原产地预确定暂行规定》《进口货物价格预审核管理暂行规定》；申请人、处理时限和有效期不统一，申请人上，商品归类的申请人为在海关注册登记的进出口货物经营单位，原产地预确定的申请人为进出口货物的收货人或其代理人，或者与进口货物直接相关的其他当事人，价格预审核的申请人为适用原A类、AA类管理的企业。处理时限上，行政裁定为自受理申请之日起60日内作出，商品预归类为接受申请之日起15个工作日内，原产地预确定为受理申请之日起150自然日。适用范围上，行政裁定在全关境内适用，而商品预归类、原产地预确定和价格预审核只适用于直属海关。

四是国内立法和执法之间存在差距，突出表现为执法的不统一。以海关事务担保为例，协定3.2（a）规定：“支付在货物抵达前或抵达时确定的关税、国内税、规费及费用，对尚未确定的任何数额以保证金、押金等形式或其法律法规规定的另一适当形式提供担保”，尽管制定了《海关事务担保条例》，同时制定了海关规章，但实践中，目前的担保放行制度在担保形式、担保申请及审批程序方面不够详尽，各口岸海关实施执行存在一定差异，便利化程度和商界期待有一定差距，其他协定条文也存在类似情况①。

五是国内立法有待完善。如协定 9.2“进境和出境加工”规定：“每一成员应按其法律法规规定，允许货物进境和出境加工。允许出境加工的货物可依照该成员有效法律法规全部或部分免除进口关税和国内税后复进口”。目前我国海关选择部分海关做试点，并发布了《关于出境加工业务有关问题的公告》（2016 年第 69 号），但有待进一步总结试点做法，并上升为法律规定。

五、我国海关法律制度的完善

我国海关法律制度大致包括总则法律制度、通关法律制度、关税法律制度、特殊监管区域法律制度、海关事务担保法律制度、知识产权海关保护法律制度和海关法律责任等部分。随着近 20 年来海关改革和实践，相应法律制度、法律条文的修改和完善迫在眉睫，以下主要围绕《2000 海关法》探讨海关法修改和完善问题。

① 参见北京睿库贸易安全及便利化研究中心：《中国贸易便利化年度报告（2016）》。

（一）总则法律制度的完善

总则法律制度一般是对该法具有统领性意义的规定，主要有立法目的、依据、法的原则、基本法律制度、法的效力、法的适用等内容，对该法其他各章具有普遍指导意义。《2000 海关法》总则共有 13 条规定，规定有立法指导思想；海关性质、任务、设立；缉私警察；国家缉私体制；海关的权力；进出境基本规定；货物物品申报；对海关执法的支持、配合、协助义务等，这些规定对其他各章具有普遍约束力。

总则条文需要修改的主要有：（1）第 1 条“指导思想”的修改。该条延续了 1987 年海关法的规定，但随着开放型经济新体制的建立，指导思想修改中应体现支持构建开放型经济新体制，体现贸易安全和便利，发挥法治的引领和保障作用。（2）第 2 条“海关法任务”的修改。除传统四项任务外，应增加知识产权海关保护、贸易管制、保障供应链安全和便利、口岸一体化管理、海关特殊监管区域管理等新职能的规定。（3）第 5 条“缉私体制”的修改。结合《反走私条例》的制定，进一步细化明确“联合缉私、统一处理、综合治理”的缉私体制规定，明确国务院领导全国反走私工作，指定专门机构负责组织、指导、协调、监督、检查全国反走私工作，地方各级人民政府领导本行政区域反走私工作，确定专门机构组织、指导、协调、监督、检查反走私工作。（4）第

6条“海关权力”的修改。结合《反走私条例》[①] 拟对“无合法来源证明”货物的查缉处理，增加海关可以行使查封、扣押涉嫌走私或者无合法来源证明的进口货物、运输工具以及有关合同、票据、账簿等资料的权力的规定；结合《海关稽查条例》第15条规定，增加发现被稽查人由可能转移、隐匿、篡改、毁弃账簿、单证等有关资料，可以查封、扣押其账簿、单证等有关资料以及相关电子数据存储介质的规定。(5) 第7条“关于支持海关依法行使职权”规定和第12条“关于对海关执法的配合与协助的规定”合并为一条。(6) 第10条“收发货人和报关企业的法律地位”增加对“收发货人”的界定。“收发货人”一般理解为“直接从事进出口贸易的当事人”，但随着贸易和海关贸易便利化的发展，“收发货人”内涵需要进一步明确，外延需要进一步扩大，以满足海关制度改革和双、多边AEO互认发展的需要。

总则条文需要增加的主要有：(1) 增加口岸一体化管理制度的明确规定和授权。随着全面深化改革和开放型经济新体制的建立，与周边国家口岸互联互通、内陆地区口岸对外开放等越来越重要，建议在总则中增加口岸管理规定，为《口岸管理条例》制定提供法律依据。(2) 增加海关特殊监管区域法律规定。第34条

---

① 参见《反走私工作条例》(征求意见稿)，载 http://zqyj.chinalaw.gov.cn/readmore?listType=1&id=1837，最后访问日期：2017年6月6日。

对保税区等特殊区域实施海关监管进行了规定，但随着中国自由贸易试验区改革的推进，海关特殊监管区域法律制度的地位作用已不可同日而语，《海关特殊监管区域条例》制定需要总则有法律依据，并确立海关特殊监管区域法的特别法地位。（3）增加支持跨境电子商务、外贸综合服务、市场采购等新型贸易，包括服务贸易发展的总则性规定，为支持新型贸易的发展留下法律保障的空间。

（二）通关法律制度的完善

通关法律制度包括进出境货物的通关、进出境物品的通关、进出境运输工具的通关，涉及《2000 海关法》第 2 章“进出境运输工具”、第 3 章“进出境货物”、第 4 章“进出境物品”共 39 条内容。随着全国通关一体化改革和实施货物通关“一次申报、分步处置”，对进出口货物实施安全准入与税收征管相对分离的海关作业，通过事前、事中、事后监管力量的合理分工和联动互补，进一步提高货物通关效率，降低企业通关成本，严密监管与便利贸易相统一，形成集约高效、协调统一的一体化通关管理格局，通关法律制度迫切需要修改完善。

《2000 海关法》第 2 章“进出境运输工具”、第 3 章“进出境货物”、第 4 章“进出境物品”需要修改的主要有：（1）第 14 条“进出境运输工具的申报”的修改。“一次申报、分步处置”要求舱单传输义务人按照海关规定时限和填制规范向海关传输舱单及相关电子数据，该条应增加规定运输工具负责人舱单传输的义务。（2）第24条“进出口货物申报”的修改，应当增加集中申报的规定。（3）第25条“进出口货物申报单”的修改，随着海关无纸化改革的推进，应当进一步明确采用电子申报的方式。（4）第26条“申报单的修改或撤销”的修改。除允许报关单的修改和撤销外，随着海关自主纳税改革的深化推广，企业自身承担的责任和义务相应增加，应增加允许收发货人补充申报的规定。（5）第29条“放行”的修改。应当明确货物放行和税收分离的原则，增加先放后税的规定。（6）第35条“转关”的修改。取消进口货物应当由收货人在货物的进境地海关办理海关手续，出口货物应当由发货人在货物的出境地海关办理海关手续的规定，规定收发货人可以在境内任何海关办理申报手续。（7）第43条“行政裁定”的修改。增加预裁定的规定，将行政裁定、预归类、预审价、预确定一并纳入预裁定的范围。（8）第44条“知识产权海关保护”的修改。在对与进出境货物有关的知识产权实施保护的基础上，增加对过境货物有关知识产权保护的规定。（9）第45条“海关稽查”的修改。增加贸易调查的规定，海关根据稽查工作需要，可以向有关行业协会、政府部门和相关企业等收集特定商品、行业与进出口活动有关的信息。收集的信息涉及商业秘密的，海关应当予以保密。

《2000海关法》第2章“进出境运输工具”、第3章“进出境货物”、第 4 章“进出境物品”需要增加的主要有：（1）舱单预申报制度。明确规定在进出口货物申报前实行舱单预申报，同时明确舱单申报的主体是进出境运输工具负责人、无船承运业务经营人、货运代理企业、船舶代理企业、邮政企业以及快件经营人等。（2）多式联运海关监管制度；通过简化作业环节，实现货物在各类运输工具之间的无障碍换装，达到一次转运申报，启运地、换装地、指运地一次查验的总体目标，降低跨境流动的时间和成本。（3）对海关监管货物标识的规定。明确规定海关监管货物应当存放在有明显标识并经海关备案的场所，对属于固定资产的海关监管货物应当在货物本体上设立明显标识。通过标识明示的方式，明确海关监管货物，未经海关许可，不得擅自处置，进一步明确相对人的权利义务。（4）AEO 制度。明确将经授权的经营者写进海关法，并赋予其便捷通关的权利和其他贸易便利化措施。（5）增加对过境货物知识产权海关保护的规定，明确自贸试验区海关特殊监管区内实施知识产权海关保护，针对平行进口问题，增加对平行进口的海关立法规定。

（三）关税法律制度的完善

关税法律制度是海关法的重要内容，《2000 海关法》第 5 章共计 13 条，包括关税的征收主体、课税对象、纳税人、完税价格、关税减免、缴纳期限、强制措施、关税保全、关税追补、关税退还和纳税争议等。随着全国通关一体化改革，税收征管作业流程改革同步进行。改革以“保障税收安全，促进贸易便利”为目标，创新由企及物、由物及企、物企结合的税收风险管理理念，以建立专业化和集约化税收征管中心为契机，创新实施属地纳税人管理，构建职责明晰的税收征管体制、业务运行与监督机制和税收风险防控体系，实现海关税收治理体系与治理能力的现代化，关税法律制度需要修改和完善。

《2000 海关法》第 5 章“关税”需要修改的主要有：（1）第 53 条“关税的课税对象”的修改。除进出口货物、进出境物品外，应扩大到无形物，包括与货物贸易有关的专利权、商品权、专有技术、著作权、分销权或者销售权的许可或者转让而支付的费用，为特许权使用费的征收关税提供法律依据。（2）第 54 条“关税纳税义务人”的修改。应增加海关监管货物仓库经营人、保管人，海关监管货物承运人，保税加工企业等为关税纳税义务人，同时明确跨境电子商务的纳税义务人，即根据法律、行政法规负有代扣代缴、代收代缴义务的单位、个人是关税纳税义务人。（3）第 60 条“关税缴纳期限和关税强制措施”的修改。应根据税收征管作业改革中“企业自报、自缴税款”做出海关纳税的修改，规定进出口企业自行填报报关单各项目，在收到海关受理回执后，自行办理相关税费缴纳手续。同时增加在企业依法提供税收担保的前提下，海关先放行货物后汇总缴税的规定。将税收强制执行的期限由 3 个月改为 30 天，和《行政强制法》第 46 条规定一致。

（4）第 62 条“海关追征和补征关税”的修改。将现行补征关税时效 1 年、追征关税时效 3 年的规定年限适当延长，以适应通关改革的需要。

《2000 海关法》第 5 章“关税”需要增加的主要有：（1）增加税收总担保的规定。由以货物为单元的逐票担保方式，向以企业为单元的税收总担保转变。（2）增加归类尊重先例制度。实施归类尊重先例，企业在通关中对同一商品可引用经海关认定的归类先例，海关原则上应予认可，确有异议的，事后按规定启动归类一致性协调解决机制，努力提升归类执法一致性。（3）增加简易征收制度。为适应跨境电子商务的发展和行邮税改革，对于一定限值以内，且属于自用、合理数量范围内的进境物品，可以适用简易办法征收税款，具体办法将来由国务院另行制定。（4）增加海关税收优先权的规定。由海关征收的税款、税款利息无担保债权，法律另有规定的除外。税款、税款利息发生在抵押、质押、留置之前的，税款、税款利息应当先于抵押权、质权、留置权执行。同时规定，若有罚款、没收违法所得的，税款、税款利息先于罚款、没收违法所得执行。

（四）担保法律制度的完善

海关“一次申报、分步处置”通关业务流程改革，很重要的是要建立完善海关担保制度，提供税收保障。包括建立事前企业税收担保备案、事中担保额度核扣、事后监控评估的海关担保制度和管理流程，提供税收保全保障。《2000 海关法》第 6 章“海关事务担保”共5条，规定了海关事务担保的适用范围、担保人的条件、担保的种类、担保人的法律责任等。

《2000海关法》第6章“海关事务担保”需要修改的主要有：(1) 第66条“担保适用范围”的修改，增加强制担保的规定。(2) 第67条“担保人资格”的修改，增加非金融机构担保、企业自身信用担保的规定。(3) 第68条“担保权利和担保财产”的修改，增加金融创新产品担保、质押担保的规定。(4) 第69条“担保责任”的修改，增加担保人承担连带责任的规定。

《2000海关法》第6章“海关事务担保”需要增加的主要有：(1) 增加总担保的规定；(2) 增加反担保的规定，完善反担保制度在知识产权海关中的适用。

（五）海关法律责任的完善

海关法律责任，是指公民、法人或者其他组织违反海关法律规范所应承担的法律后果，并由海关及其有关司法机关对其违法行为依法予以追究，实施法律制裁。随着《反走私工作条例》进入立法程序，海关法律责任需要进一步完善。

《2000海关法》第8章“法律责任”需要修改的主要有：第86条“违反海关监管规定行为”的修改。增加与进出口货物有关的企业、单位主动向海关报告其违反海关监管规定的行为，并接受海关处理的，应当从轻后者减轻行政处罚的规定。

《2000海关法》第8章“法律责任”需要增加的主要有：(1) 增加经营无合法来源证明的进口货物法律责任的规定。规定在非设关地查获的无合法来源证明的进口货物，由查获行政机关予以没收；当事人无法查清的，由查获行政机关予以收缴；市场流通领域查获的商贸经营企业、个体工商户买卖、仓储、运输无合法来源证明的进口货物，由查获的行政机关予以没收；当事人无法查清的，由查获的行政机关予以收缴；明知是无合法来源证明的进口货物，提供仓储、保管的，由行政主管机关责令停业整顿，没收违法所得，可以并处罚款；明知是无合法来源证明的进口货物，提供标识、包装、说明书等掩盖货物真实来源的，由工商行政管理机关处罚款，有违法所得的，没收违法所得。（2）增加查缉机关查缉责任的规定。违反本条例规定，海关、公安边防、海警、工商行政管理、食品药品监督管理、烟草专卖管理等行政机关不履行查缉走私职责，或者发现涉嫌走私违法行为不依法查缉的，对直接负责的主管人员和其他直接责任人员依法给予行政处分。（3）增加案件移交责任的规定。对应当依法移交海关缉私、公安、海警追究刑事责任或者应当依法移交海关给予行政处罚的走私案件，行政机关不移交的，或者应当接收而不接收的，由上级行政机关责令改正，并对直接负责的主管人员和其他直接责任人员依法给予行政处分。

（这是作者为纪念《中华人民共和国海关法》颁布三十周年写的论文，原文发表在《海关法评论》第7卷，法律出版社2017年版）

贸易便利化下国际海关立法的新特点及其贡献

一、贸易便利化是经济全球化对各国海关提出的挑战

全球化是指跨国商品与服务交易及国际资本流通规模和形式的增加，以及技术的广泛迅速传播使世界各国经济的相互依赖性加强。[①] 全球化发端于经济的全球化，经济全球化主要表现为经济活动、经济规则、经济信息

① 国际货币基金组织编：《世界经济展望》，康以同等译，中国金融出版社 1997 年版，第 45 页。

和经济灾难等的全球化。经济全球化要求消除市场障碍，实现经济市场全球化、资源配置的全球化和市场规则的全球化。乌拉圭回合结束以后，随着关税和其他贸易壁垒大幅度削减和消除，复杂的跨境手续与繁复的单证要求成为商界关注的重点。据国际商会调查，在国际贸易中平均一票货物需要多达 60 多种单证，尽管单证的用途各异，但 80% 的内容相同。由于单证内容要求缺乏国际协调，数量控制失范，处理单证的工作量增加了 4 倍，从而导致货物在边境耽搁的时间占整个运输过程的 20%，处理单证的费用占运输成本的 25%。[①] 而据世界银行 2004 年对 75 个国家数据的统计分析报告，港口效率、海关环境、法规基础和企业电子商务的应用对一个国家的进出口具有深远的影响，贸易便利化措施在成品上的利润相当于 3770 亿美元，世界各国的进口和出口都将因贸易便利化措施大幅度增长。[②] 因此，简化和协调国际贸易手续，促进贸易便利化成为国际社会的共同呼声。

世界贸易组织（WTO）是贸易便利化议题谈判的主导者，在推动贸易便利化发展方面具有举足轻重的地位。1996 年 12 月，在新加坡召开的 WTO 首届部长会议上，提出由 WTO 货物贸易理事

---

① 向君：《我国通关监管现代化与贸易便利化——基于中国背景的分析》，载《兰州商学院学报》2007 年第 2 期。

② Carolin Eve Bolhofer: Trade Facilition-wto Law and Its Revision to Facilitate Global Trade in Goods, World Customs Journal (Volume2, Number1), 2008.

会“就简化贸易程序问题开始探索性的分析工作，以便评估 WTO 规则在这一领域可以发挥作用的范围”。贸易便利化同贸易与投资、贸易与竞争政策、政府采购透明度一起作为“新加坡议题”。2004 年 8 月 1 日，WTO 总理事会就多哈回合主要议题达成了“一揽子”框架协议——《多哈工作议程》，明确表示将以附件 D 中规定的贸易便利化议题的谈判模式来启动贸易便利化谈判。按照该“模式文件”的规定，WTO 贸易便利化谈判总体可归纳为两大方面：技术协调和法律协调。前者要求各国基础设施和设备的标准化，如建立单一窗口、实现数据电子化、标准化等；后者则通过确立具有约束力的法律规则，来协调各国通关管理法律制度，使之更加透明。

而在世界海关组织（WCO）范围内，据统计，2002 年该组织 161 个成员中，共有海关关员 850, 000 人，一年中，根据双边或多边贸易协定和国内立法，承担价值 6. 5 万亿美元的国际贸易货物的监管任务，8 亿人次旅客的进出境，截获约 1200 吨非法毒品，监督 1. 5 亿个满载货物、4000 万个空集装箱的进出境，另外还有约 120 亿封邮件来往世界各地。① 海关组织和人员的资源是有限的，不可能无限增加，世界贸易量却是成倍增加。根据世界银行的统计，从 1820 年到 2003 年，世界出口依存度从 1% 上升到 20. 8% ，

① 参见“WCO NEWS”，NO40，JUNE，2002。

长期上升的趋势十分明显。并且，这一趋势在当代变得更加明显。1820～1950 年，世界出口依存度仅仅上升了 6 个百分点；而 1950～2003年，世界出口依存度却上升了近 14 个百分点。面对迅速增加的国际贸易流量，如何利用有限的海关资源，既实施海关有效监管，同时又便利贸易，成为世界各国海关共同面临的问题。

为更好地实现贸易便利化，世界海关组织启动了对《关于简化和协调海关制度的国际公约》（以下简称《京都公约》）的修改工作。《京都公约》是世界海关组织的四大支柱性公约之一，于 1973 年 5 月 18 日在日本京都签署，它是当今世界上唯一一个全面规定海关制度和做法标准的国际性法律文件，其宗旨是希望通过建立一套简化和统一的海关制度的规范原则，指导各国海关立法以减少贸易障碍，促进贸易发展。公约包括 9 类 31 个附约，涉及海关监管制度（如进口、出口、暂准进口、海关仓库、加工贸易、运输工具）、关税、原产地、违法处罚等内容。进入 20 世纪 90 年代后，世界经济和国际贸易发生了重大变化，公约内容与形势需要之间的矛盾日益突出，贸易界要求改革的呼声十分高。1996 年世界贸易组织首次贸易部长会议作出决定，要求世贸组织秘书处对简化和协调海关制度进行研究，了解并借鉴其他国际组织的成功做法，确保乌拉圭回合的成果落实。在内外双重压力下，公约的修改工作步入正轨，历时 5 年，1999 年公约修正议定书和文本正式通过。[①] 修改后的公约包括三个层次：第一层次是主约，第二层次是总附约，第三层次是专项附约。总附约包括最基础的海关制度和做法及定义，而专项附约由原先的 31 个附约归纳为 10 个，根据不同的海关制度或做法在专项附约下设若干章。每一个专项附约是某一类海关制度，而每个章对应一个专门的海关制度或做法。修改后的公约对缔约方的约束力明显增强，它要求缔约方在加入时必须加入主约并接受总附约，同时至少接受一个专项附约中的一章。

2001 年发生的“9·11”事件将贸易安全问题首当其冲地摆在了海关面前，并一跃成为以美国为首的发达国家和世界海关组织的首要关注问题。“9·11”事件后，美国海关与边境保护局实施了一系列倡议计划，包括美国盾牌计划、集装箱安全倡议（CSI）、24 小时提前申报规则、30 点智能边境协议等，把美国的安全区扩展至地理边境之外，使美国边境由第一道防线变为最后一道防线。欧盟、新西兰等国家地区海关也推出了类似行动计划。WCO 于 2002 年 6 月召开的理事会年会通过了《海关合作理事会关于国际贸易供应链安全与便利的决议》（SCS），将保障贸易安全问题作为“9·11”事件后国际海关面临的重大新挑战和关注的重中之重，

① 参见海关总署国际合作司、上海海关高等专科学校、世界海关组织研究中心：《关于简化和协调海关制度的国际公约》（京都公约），法律出版社 2001 年版。

并为此提出重新审视WCO战略规划重点和海关的职能定位，贸易便利与加强监管保障安全间的关系定位，并把推进各成员加入《京都公约》、通关数据标准化、电子数据预交换、风险管理、行政互助、技术援助等统统列为贸易安全与便利的保障措施，形成一个保障贸易安全的完整战略规划。2005年6月WCO通过了《全球贸易安全与便利标准框架》（以下简称《标准框架》）“一揽子”文件，被认为是世界海关应对21世纪挑战的发展蓝图，是国际海关制度的重大变革。它的通过得到世界各国的普遍欢迎，截至2007年9月27日，世界海关组织成员增加至171个，其中已有149个签署了实施意向书。

WCO《标准框架》作为一个旨在加强国际贸易安全与便利的制度，它把安全问题作为贸易的首要考虑因素，强调在满足安全标准的前提下便利贸易的发展，通过海关与海关、海关与商界之间的合作来保证货物安全流动。《标准框架》有四个核心要素，即提前递交电子货物信息，成员海关采用一致的风险管理手段，出口国海关应根据进口国合理要求对出口的高风险集装箱和货物进行查验，成员海关要向达到安全标准的企业提供相应的便利。《标准框架》有两大支柱。第一个支柱为海关与海关的合作，包括11项标准。第二个支柱为海关与商界的伙伴关系，包括6项标准。《标准框架》的出台，无疑是对经济全球化背景下简化海关手续、便利贸易发展趋势的重大挑战。海关为保护贸易安全而实施的查验措施，不仅会给贸易进出口商增加贸易直接成本和间接成本，甚至可能成为政府滥用权力，侵害贸易商合法权益的合法借口。“几个世纪以来，海关的角色定位为‘看门人’，海关权威意味着是国际贸易必须通过的门槛……这样一个角色定位也招致了在商业活动中仅仅为干预而进行法律干预。但在当今年代，社会预期不再接受为干预而干预的概念。而现在的呼声是‘干预只是例外’，干预仅在法律规定的情形下，干预仅在风险确定的情形下。”① 因此，《标准框架》必须平衡贸易安全和贸易便利之间的关系，不能因为便利贸易而忽视贸易安全，同样也不能因强调贸易安全而阻碍贸易。

二、贸易便利化下国际海关立法的新特点

1900 年，当第一次国际比较法大会在法国巴黎召开时，其理想是建立世界法。这样一种人类共同法的思想，经过两次世界大战，世界被支离破碎而变得不可能，“共同法已逐渐成为只遗留在梦的国度中的思考，连茨威格特也怀疑那不过是一个梦想”，因

① David Widdowson：The Changing Role of Customs：Evolution Orrevolution? World Customs Journal（Volume1，Number1），2007.

为,“这种理想法的存在,必须以处于同一发展阶段的各文明国家的人民具有类似的社会和经济需要之事实为前提。”① 当全球化把这一共同社会和经济需要前提摆在面前时,并且共同法在欧共体等区域变成事实时,共同法的观念又焕发活力。“世界法律的一体化还意味着世界范围内将出现某些‘全球性法律’、‘世界性法律’。在今天,《联合国宪章》、《关税与贸易总协定》等国际条约在某种意义上可以说就是‘全球性法律’、‘世界性法律’。”② 经济全球化推动下的贸易便利化,已经让国际海关立法呈现某种世界性法律的特点。

(一)海关法的“去国家化”,表现为主体多元化

经济全球化某种程度上意味着法律的全球化,而法律全球化以替代唯国家中心架构为目标,以全球中心架构为目的的,它促成了一大批在民族国家之上或在民族国家之外的行为主体的出现,许多次国家主体、跨国家主体和超国家主体和主权国家一道在国际社会中发挥积极影响作用,使世界变成了一个由多元利益主体共同支配的全球社会,法律制定的主体也不再限于主权国家,国际海关立法也呈现主体多元化的特点。

---

① [日]大木雅夫:《比较法》(修订译本),范愉译,法律出版社2006年版,第54~55页。

② 黄文艺:《全球化与世界法律发展》,载《学习与探索》2006年第1期。

以和海关密切相关的两个议题——贸易便利和安全为例，从组织任务的角度，关注贸易便利化的国际组织或机构可大致分为三类：第一类为贸易便利化法律规则与标准的制定组织，主要指WTO和WCO；第二类是从本身组织性质和专门领域出发，参与制定技术性、操作性规则标准的组织，如联合国欧洲经济委员会（UNECE）及其所辖UN/CEFACT，也有更为专业性的组织如国际标准组织（ISO）、国际海事组织（IMO）、国际陆路运输联盟（IRU）、国际民航组织（ICAO）、国际商会（ICC）等；第三类是全球和区域开发性组织，这些组织重点实施能力建设，开展政策研究，推动贸易便利化在成员中的实施，包括UNCTAD和国际金融组织如世界银行（World Bank）、经济合作发展组织（OECD）。此外，还有诸多区域性组织，如欧盟（EU）、APEC、联合国亚太经社会（UNESCAP）、东南亚国家联盟（ASEAN）ADB。当然，由于各自利益出发点不一样，关注的角度和重点也有不同，如世界银行注重于海关现代化、贸易便利化的技术援助问题等；国际海关组织关注与海运、集装箱等的海运供应链关键因素的安全；万国邮政联盟更注重于快件的通关；国际民航组织与WCO之间合作更关注航空运输与旅客通关的便利；而国际商会更注重于对商界利益的维护，对海关提出一些要求与建议。

再以贸易安全为例，随着“9·11”事件的发生，需要把国际贸易供应链安全作为一个整体加以考虑。不仅世界海关组织于

2002 年 6 月通过了关于国际贸易供应链安全与便利的决议，国际海事组织（IMO）也于 2002 年 12 月出台了《国际船舶与港口设施安全（ISPS）法典》，要求国际航船及港口服务设施应实施安全评估，制订安全计划、任命安全官员、开展培训与操练、采取合适的措施预防安全事故。联合国欧洲经济委员会（UNECE）从贸易安全角度重审《供应链模型》。国际民航组织（ICAO）于 2002 年 6 月原则上批准了《ICAO 航空安全行动计划》，以加强航空安全。国际航空运输协会（IATA）也就国际航空安全问题向航空公司提出建议。在区域方面，2003 年 7 月底欧共体（EC）向欧洲议会和欧洲理事会提交了一系列旨在解决安全问题的措施。在国家层次，以美国为代表，2002 年颁布了《美国海事运输安全法案》（MTSA）以适应美国国内港口和船舶的安全要求。美国海关与边境保护局（CBP）出台了建立海关和商界反恐伙伴关系计划（C—TPAT）、《集装箱安全行动》（CSI）等。

（二）海关法的“标本化”或“标准化”，表现为法律效力上的软法

海关法的“标本化”或“标准化”，集中体现在以 WCO 为主的多元化国际组织制定的海关业务标准上。这种标准由于没有意识形态的内容，更多的属于技术性的标准，因而更容易为各国所接受。

WCO 自成立以来，WCO 将其与 WTO 的关系定位于：一致、谐调、互补（consistent，compatible and complementary relationship），认为 WTO 着重于较高原则，而 WCO 通过制定标准（detailed standards）和工具为 WTO 规则的具体实施提供技术支持。涉及贸易便利化，WCO 标准工具可分为三类，一是公约框架类 8 个；二是相关的建议书 40 个，涉及海关手续和贸易便利化的具体做法；三是 WCO 倡导成员使用的有关工具 11 项①。在这些工具中，公认的基础性文件三个，即被称为现代海关蓝图的《京都公约》、被誉为国际贸易分类“标准语言”的《商品名称与编码协调制度的国际公约》和指引海关未来方向的《标准框架》。② 除 WCO 外，还有多个国际组织也高度关注贸易便利化问题，并从各自利益角度制定了便利化标准。其中，世界贸易组织（WTO）、联合国欧洲经济委员会（UNECE）、联合国贸易便利化和电子商务中心（CEFACT）及联合国贸易与发展大会（UNCTAD）为海关关键的职能设定了标准。

由于各国经济发展水平的差异，对于这些标准化的海关公约要求各国在同一水平予以接受是不可能的。因此，海关标准化公约不可能以强行法的姿态出现，而只能更多地表现出软法的特点。

---

① 具体公约、建议、工具，参考 http://www.wcoomd.org/home_wco_topics_pfoverviewboxes.htm。

② 我国已分别于 1988 年、2000 年和 2005 年加入或接受。

因此，在公约的形式上，通常采用“框架公约”的结构，即“框架公约+议定书+附约”，其中框架公约具有强制约束力，但仅涉及原则性或程序性问题，而涉及具体业务制度的标准则在附约中体现，而附约不具有约束力，由各成员作为自主选择适用。如《京都公约》采用的是“主约+总附约+专项附约”的结构，其中涉及公约基础性问题的主约、总结各项海关业务制度最低标准的总附约必须加入，而反映专项海关业务制度的专项附约可选择性加入。

（三）海关法的“趋同化”，表现为法律制度的相似性

“所谓法律趋同化，是指调整相同类型社会关系的法律规范和法律制度趋向一致，既包括不同国家的国内法的趋向一致，也包括国内法与国际法的趋向一致。”① 不同国家的国内法的趋向海关法的“标准化”或“标本化”某种程度上意味着海关法的“趋同化”，即在海关法层面存在共同法，这在国际法层面反映最为明显。国际公约中反映海关法律共同规则的比较重要的有：修订后的《京都公约》提供了处理国际贸易货物的框架；《关于商品协调和编码制度的国际公约》提供了国际贸易货物的分类标准；《海关估价协定》为国际贸易中货物价格的确定提供了框架；《原产地规

① 朱振：《全球化进程中的中国法学——访张文显教授》，载《学习与探索》2006年第1期。

则》为国际贸易货物原产地确认制定了标准。① 除此之外，在国际贸易安全、知识产权边境保护等方面也制定了海关法律规则的共同标准。

在国内法层面，经济全球化要求将作为地方知识一部分的一国海关法按照国际贸易的需要进行国际化，“为了适应贸易量的急剧增长和对安全的更高要求，许多海关都以国际标准和最佳模式为背景来检查他们的运作，评估是否需要引入法律改革。”② 当一国海关法不适应国际贸易的发展，甚至成为阻碍因素，这时就需要对海关法进行改革。以下这些因素被认为是过时的海关立法的特征：没有一个综合性海关法律体系来明确海关权限；海关法没有核心要素；没有充分准备来遵守国际公约；缺乏透明度和可预见性；复杂和多余的海关手续延误清关；没有规定基于风险管理的货物选择性查验；阻碍了预先申报信息或通关或后续稽查；没有规定自动化或电子化信息交流；模糊的规定给予海关关员过度的自由裁量权；海关缺少实现其执法和守法目标的权威。而成功的海关立法应达到以下目标：建立海关权威管理和执行海关法律的能力，建立行政规章、裁定或处理案例，决定海关行政事务；

① ［比］Luc De Wulf、［巴］Jose B. Sokol 主编：《海关现代化手册》，上海海关翻译小组译，中国海关出版社 2008 年版，第 21 页。

② ［比］Luc De Wulf、［巴］Jose B. Sokol 主编：《海关现代化手册》，上海海关翻译小组译，中国海关出版社 2008 年版，第 81 页。

促进透明度和可预见性；提供现代海关体系和制度；简化海关程序；鼓励与其他海关和其他政府机构的合作；与私营部门建立合作关系；促进海关廉政；提供与违法程度成比例的处罚；是公众可理解的；符合国际标准。①

适应经济全球化的海关法律制度具有以下相似性：基本都有一部较为完备的海关法典，并满足经济全球化和国际贸易发展的需要②；充分重视《京都公约》在简化和协调海关手续方面的“母法”作用，通关法律制度适应了贸易便利化的要求；在商品归类、海关估价、原产地规则和知识产权等方面体现了国际规则在国内法的应用；海关法律具有相当的透明性和可预见性，并为相对方提供了较完备的救济途径；通过行政解释或司法解释等多种法律工具的运用，适应了海关面对迅速变化的执法环境的需要等。

（四）海关国际法国内化和发达国家海关法国际化以及区域海关法的兴起

国际海关法的国内化。目前国际海关法律的渊源主要来自两

---

① 参见［比］Luc De Wulf、［巴］Jose B. Sokol 主编：《海关现代化手册》，上海海关翻译小组译，中国海关出版社 2008 年版，第 82～84 页。该书以 20 世纪 90 年代初南斯拉夫解体的时候，新独立的共和政体沿用过时的南斯拉夫海关法典为例，从服务主体性质改变、海关官僚、通关规定不适应市场经济发展、处罚标准不合适等几方面叙述了一个过时的海关立法实例。

② 据统计，1990～2002 年，共有 75 个国家和地区海关全面修改了海关立法及其配套法规，以适应改革和发展的需要，并与国际惯例接轨。

个组织：一个是世界贸易组织，主要包括海关估价协议、知识产权协定中有关海关知识产权保护内容和原产地规则协议；另一个是世界海关组织，主要包括《京都公约》、《内罗毕公约》、协调制度和《暂准进出口公约》等。我们看到，经过关税减让的多轮谈判，随着世界贸易组织的建立，WTO 规则的约束力越来越强，而 WCO 也在力求修改公约结构，增加管理机构，扩大缔约方，扩大约束力范围。一国如要加入这些国际组织，一般都要接受其基本规则，同时通过国内立法程序转化为国内立法规定。如俄罗斯 2004 年 1 月 1 日实施新的海关法典，该法典以修订后的《京都公约》为立法基础，并考虑到了 WTO 在 GATT 条款一“通用多数利益国家待遇”、条款五“自由转运”、条款七“海关评估”、条款八“与进出口有关的费用和手续”、条款十“贸易规则的公布和管理”，TRIPS、原产地规则协议和实施第七条协议中规定的要求。① 摩洛哥根据修订后的《京都公约》来修订其《海关法典》，树立了一个成功的范例。② 中国 2000 年修改《海关法》过程中，主要参考了《京都公约》通关的有关规定，吸收了诸如查验前可以修改申报单、正式申报前可以查验货物等方便贸易商的有关规定内容

① 参见［比］Luc De Wulf、［巴］Jose B. Sokol 主编：《海关现代化手册》，上海海关翻译小组译，中国海关出版社 2008 年版，第 101 页。

② 参见［比］Luc De Wulf、［巴］Jose B. Sokol 主编：《海关现代化手册》，上海海关翻译小组译，中国海关出版社 2008 年版，第 92 页。

等。此外，还召开了中美海关法的比较研讨，吸收了美国海关法中有关担保、行政裁定制度的规定，以方便快捷通关。

国内海关法的国际化。突出表现为西方各国的海关法律制度逐渐演变为国际海关法律制度的一部分。如《京都公约》的总附约、各专项附约基本上是由美国和欧洲国家所起草的，其中一些基本海关法律制度，如海关担保、海关行政裁定、风险管理等，反映的也基本是美国和欧洲国家的做法。而且，在公约的制定和修改过程中，美国的立场至关重要，倘若没有美国的积极参与和推动，该公约的制定和修改就有可能处于流产的境地。

区域海关法的兴起。据统计，从 1948 年关贸总协定成立到 1994 年，GATT 共收到 124 项关于建立区域性货物贸易协定的通知，截至2005 年共有 183 个在 WTO 登记的地区贸易协定生效。其中，影响比较大的有：欧盟、欧洲自由贸易区、美加贸易协定、北美自由贸易区、东盟自由贸易区、曼谷协定、APEC 等。这些区域经济涉及的面十分广，其中很重要的一个方面就是关税减免和海关手续的简化，其中一些个别区域经济已经向实质上一体化迈进，海关法律趋向一致。如欧盟于 1993 年施行了在所有欧共体国家内适用的《欧共体海关法典》，取消了欧共体国家之间的海关边界，适用共同的海关税则和对第三国统一的海关通关手续，各国海关法不对欧共体国家发生法律效力，只对第三国有效。《欧共体海关法典》的产生，大大改变了传统上对海关法是一国国内法的法律认识，整体概念的海关法思想将会逐步代替传统分割的海关法观念。

三、海关法对贸易便利化的制度贡献

根据世界贸易组织（WTO）的定义，贸易便利化主要指简化和协调国际贸易手续。这些手续是指涉及国际贸易中货物流动所需要的收集、提供、传递和处理的活动、实践和手续。而在海关领域，世界海关组织（WCO）认为，贸易便利化主要指海关程序的简化及标准化，同时将贸易便利化与贸易安全紧密联系在一起，力求两者的平衡。英国学者 Grainger 对当前国际范围内关于贸易化的实践和探讨进行了归纳整理，可分归为两大类 18 个主题①：第一类是“更好的边境管理程序”，包括：（1）简化规则和程序；（2）避免重复；（3）签订备忘录；（4）使贸易程序与国际公约相一致；（5）与贸易界的磋商；（6）透明、可预见、可操作的规则和程序；（7）考虑并采纳商业惯例；（8）管理与操作中的灵活性；（9）政府管理中的顾客服务导向；（10）有关上诉的程序和机制。第二类是“公平和一致的执法”，包括：（1）立法和监管中风险与

① Andrew Grainger, Trade Facilitation and Supply Chain Management: a case study at the interface between business and government, thesis for Phd, 2008b.

处置措施比例相当；(2) 通关时间测量的有关措施；(3) 风险管理和守法管理；(4) 信息和通信技术；(5) 贸易单证的标准化和电子数据要求；(6) 自动化；(7) 国际贸易数据交换；(8) 单一窗口。在所有这些主题中，海关法对贸易便利化的制度贡献表现在技术制度的改革和法律制度的创新上。

(一) 海关法对贸易便利化的技术制度改革

1. 单一窗口

由于进出口涉及多个行政管理部门，管理部门之间的不协调而导致的贸易成本增加严重制约了贸易便利化的发展，因此，世界海关组织等多个国际组织均将单一窗口制度作为海关制度改革的重要方面。联合国贸易便利化和电子商务中心在其2005年发布的《建立单一窗口的建议与指南》认为单一窗口是指一种便利，这种便利准许贸易与运输的有关方在一个单一的入境口（岸）提交标准化的信息和文件，以履行所有有关进口、出口以及转运的规范性要求。单一窗口制度下，涉及多个部分的协调以及信息的分配。在单一窗口的运作中，需要一个得到法定授权的机关在不同的机构间进行协调控制，以实现贸易效率的目标。多数国家都选择由海关来承担这一责任的。单一窗口建设除需要技术——单一的自动信息系统作为保障外，还需要法律的保障，表现在对实施单一窗口制度的法律授权以及明确单一授权机关的协调或领导地位，并同时确认其他机构的相应的权力与协作地位，给予电子数据以合法的地位，明确其证据地位，完善电子签名制度等。

2. AEO

从 20 世纪末开始，为解决贸易量不断增长和海关有效监管之间的矛盾，从以货物为管理重点的思路，改变为以贸易商作为风险控制与便利授予的标准，将贸易商分为一般经营者和经认证/授权的经营者。经过认证的经营者是海关可以信任的伙伴，享有贸易便利的待遇。AEO（Authorized economic operator），即经授权的经营者，它是指国际物流中，经海关或其授权部门批准为符合世界海关组织制定的或同等效力的供应链安全标准的企业，无论这一企业在供应链中处于何种位置、履行何种职能。这些企业包括：生产商、进口商、出口商、报关行、承运人、货代、贸易中间商、港口、机场、码头经营者，综合经营者，仓库、分销商等。该制度是 WCO 在其 2005 年《全球贸易安全与便利标准框架》中所倡导，并在欧盟、日本等发达国家所实践。经授权的经营者获得的便利化权利一般分为两类，一类是减少通关成本与费用的优惠，包括减少查验，或不进行查验；如确需实际查验，则首先考虑采用非侵入式的检查方法；优先查验的待遇；更灵活的查验地方与时间；在货物实物查验前，AEO 可以得到通知等。另一类是适用便利化通关程序的权利，包括可以享有一系列的便利通关程序；对运输人而言，可以享有对船舶放行与业务处理的加速；适用一个综合性的担保或免于担保；免于按照规定路线行驶的要求等。

3. 通关管理流程再造

通关手续的简化将大大降低贸易成本，促进贸易便利化，先进国家海关法一般都朝着海关手续的简化方向发展，特别是通关制度设计流程化。通关管理流程化是将“流程管理”的理念运用到通关制度中，通关管理流程化以客户为导向，即对客户服务，为客户创造价值为指导思想，以通关投入与产出取得正收益为流程运作成功的标志，打造水平化跨部门快速协同运作平台，使海关的各项业务活动能够以更快的速度为贸易界提供优质服务产品，满足贸易商的需求。流程化是一种流动的、周而复始的动态系统。国际社会的普遍做法是在“跨部门、多部门参与”的基础上实现流程化的、动态的、环形的通关管理。发达国家在通关管理流程的每一个具体步骤都有新的信息、新的分析、新的评估充实和更新企业的信用账户，真正做到了实施监控与管理。流程化管理可以产生如下变革：第一，改变以往单向、直线型的哑铃或橄榄式的通关模式，转变为流动、环形的通关模式；第二，经过与服务对象共同讨论与磋商来确定更加可行的、易为商界接受的具体工作规范与指标；第三，海关与贸易界之间将建立一种伙伴关系，把工作及服务对象的需要与海关价值目标结合起来；第四，强调海关内部跨机构的团队精神。①

① 参见陈晖、邵铁民主编：《海关法理论与实践》，立信会计出版社 2008 年版，第 102 页。

（二）海关法对贸易便利化的法律制度创新

1. 海关担保

担保原本是民法上的法律制度，它是一种依法律规定或当事人约定，以保障债权人的债权得以实现的法律措施。19世纪二三十年代，随着资本主义各国工业经济的迅猛发展，各国之间的贸易往来也与日俱增，从而使一些主要资本主义国家的口岸出现了进出口货物通关的瓶颈现象，通关的迟缓已影响了国际贸易和国内经济的发展。所以，当时的法国等欧洲国家在民法典担保制度的基础上创制了海关具保放行的制度，即对进口贸易应收货人的要求，在海关查验以后，征税以前，在当事人提供了担保后可以先予放行。具保放行制度的实施在一定程度上加快了货物通关速度，对各国的对外贸易起了积极作用。具保放行制度创制以来，经过百多年的发展已在各国形成了较完善的海关担保制度。① 海关担保制度不仅为各国海关法所采用，而且为区域海关法和国际海关法所规定和提倡。1994年1月1日生效的欧共体海关法典提出海关债②担保的概念，将私法中的制度引进到了海关法中。《京都公约》中积极鼓励采用海关担保制度，总附约第五章专门规定了

① 参见邵铁民：《海关担保制度研究》，载《上海海关高等专科学校学报》2002年第1期。

② “海关债”指某人交纳依照共同体现行规定对某一具体货物应征的进口关税（进口环节海关债）或出口关税（出口环节海关债）的义务。

担保，其中“担保”是指使海关确信对海关承担的义务必将得到履行的一种保证。对履行数项业务的义务给予的保证称为“总担保”。在我国，正在积极制定“海关担保条例”，草案中规定的海关担保，是指公民、法人和其他组织为办理特定的海关手续或者申请从事海关特定经营业务，经海关同意，以法律规定的方式，保证履行其依法应当承担的海关义务的法律行为。尽管目前对海关担保的法律性质存在争议，对海关担保制度具体内容如担保范围、担保方式、担保责任需要进一步研究，但适应贸易便利化的需要，将私法上的担保制度创新性地运用到海关法中这是海关法的一个贡献。

2. 海关行政裁定

海关行政裁定制度源于美国海关法中的“Administrative Ruling”制度，在美国，海关行政裁定通常由海关署的专家做出，具体说明官方的海关手续，具有普遍约束力，从而保证海关执法在各个口岸、各进口商之间和各票货物之间的一致性。美国海关行政裁定并没有一个统一的概念或定义，它由一个个具体的海关行政裁定，通常称为 customs rulings 构成。主要适用于归类、估价、原产地、退税等方面，侧重于商品归类。从商品关税征收来看，对于新型商品，海关要在通关现场短时间内完成商品归类、估价、原产地等技术工作几乎不可能，而通过行政裁定制度，可以将商品归类、估价、原产地确定等工作前置，大大缩短了现场通关时间，实现了现场快速通关的需要，极大地方便了贸易。尽管海关行政裁定是由个别进出口商申请的，但海关做出的行政裁定却适用于所有相同商品，因此，海关行政裁定制度起到了某种判例法的作用，适应了新型商品不断出现，确保海关征税和快速放行的需要。

由于海关行政裁定制度适应了国际贸易发展的需要，因此显示出很强生命力。日本海关法 1983 年参照美国的 Administrative Ruling 制度，以《关税法基本通达》的方式开始推行和实施海关行政裁定及其程序。我国 2000 年修改后的海关法借鉴美国行政裁定制度，在第 43 条中规定："海关可以根据对外贸易经营者提出的书面申请，对拟作进口或者出口的货物预先做出商品归类等行政裁定。进口或者出口相同货物，应当适用相同的商品归类行政裁定。海关对所做出的商品归类等行政裁定，应当予以公布。"海关行政裁定制度是对行政法的制度贡献。尽管目前对海关行政裁定制度的性质也存在争论，到底是抽象行政行为还是具体行政行为，是行政解释还是行政判例，海关行政裁定是否具有可诉性，海关行政裁定制度在海关实践中如何推广实施等，但毫无疑问，海关行政裁定制度在设计上具有很强的优越性，对促进贸易便利化具有重要意义。

3. 海关特殊监管区法律制度

现代海关法已从传统征税、监管向减免税、免除监管、便利贸易方向转变，海关特殊监管区法律制度在促进贸易便利化方面发挥着越来越重要的作用，在《京都公约》、美国、欧盟、日本海关法中都有具体规定。

海关特殊监管区是一个国家或地区为实现某些特定目的，如吸引外资、扩大出口、促进转口贸易等，而实行特殊海关监管制度和政策的特定区域，这些特定区域各国叫法不一，如自由贸易区、自由港、自由贸易港区、出口加工区、自由区、保税仓库、对外贸易区等，但实行特殊的海关监管制度则是共同的。海关特殊监管区域的设立以及所采取的特殊监管制度，是和该国的基本国情、经济发展水平相适应的。发达国家通过措施灵活的海关特殊监管区域设置，对于本国转口贸易与运输，与区内的加工、存储、展览等行业以及与这些行业的配套服务业的快速发展，起到了很大的作用。而发展中国家利用特殊监管区域，吸引外资，从事加工和出口，发挥了积极作用。海关特殊监管区对贸易便利化的贡献表现在以下三个方面：（1）区域内货物的分类管理。主要将货物分为从国内入区的货物和从国外入区的货物两类，海关根据货物地位的不同进行监管或提供法律规定的优惠措施。例如，美国对货物的区域地位（zone status）分为不具有区域地位的货物、外国地位货物、国内地位货物和限制性区域地位货物。外国地位货物又可以分为优惠的外国地位货物与非优惠的外国地位货物。对于优惠的外国地位货物可按照货物申请该地位时的状态“冻结”

税率与归类。当人区货物加工成成品后税率高于其成分货物的税率时，申请人可以按照成品中部分国全部成分入区时的税率纳税。这样既可以减轻申请人税负，又可以使得申请人的交易行为有更强的可预见性。（2）充分的灵活与便利。特殊区域内的国内地位货物无须申请或批准即可运入对外贸易区。国内地位货物的加工、制造、展示、销毁或转运至海关关境也不需要申请或批准。（3）税收优惠。海关特殊监管区内的货物一般享受减税或免税的优惠。例如，欧盟法律规定，在这些区域内货物可以享有优惠的货物进入该区域后免于进口税，增值税和其他进口费用。欧盟的出口货物进入自由区，也是免于征收增值税。此外，区内还可能减免消费税或其他税收。

（这是作者主持的上海市人民政府发展研究中心决策咨询项目“服务经济发展对海关监管制度的要求”等课题的研究成果，论文发表在《东方法学》2010 年第 4 期）

贸易合规与海关涉外法律：海关法律关系的三层逻辑

引　言

海关是进出境监督管理机关，承担着海关监管、进出口关税及其他税费征收管理、出入境卫生检疫、出入境动植物及其产品检验检疫、进出口商品法定检验、海关风险管理、国家进出口货物贸易等海关统计、打击走私、海关国际合作与交流等重要职责和任务。

海关法律是调整海关进出境监督管理法律关系的法律，它是建立在国际经济贸易法律关系基础上，基于国家对国际贸易的管理和控制，对进出境货物、物品、运输工具进行监督管理而产生的。我国现行海关法是1987年颁布的，先后于2000年、2013年、2016年、2017年、2021年进行了六次修正。现行海关法共有9章102条，包括总则、进出境运输工具、货物、物品、关税、海关事务担保、法律责任等内容。就海关而言，还直接适用《关衔条例》《国境卫生检疫法》《进出境动植物检疫法》《进出口商品检验法》《食品安全法》，并依据《对外贸易法》《出口管制法》《生物安全法》等法律进行执法。作为国内、国际双循环中的重要联结，海关法律具有很强的涉外性特征。据统计，截至2022年年底，我国现有法律295件，其中涉外法律约50件。海关涉及的涉外法律，粗略估计涉及的法律就有20多部。

海关法涉及领域之多，范围之广，特别是在统筹国内法治和涉外法治中的重要性和复杂性，在我国部门法中是少有的，这是由海关是国际国内双循环的连结点所决定的。贸易合规绕不过海关法律，从海关法律理解贸易合规，由于涉及的法律众多，具有一定的复杂性。在法理上有没有一条捷径可以把握这种复杂性呢？我认为，从法律关系角度去把握，是有规律可循的。

法律关系是用权利义务的视角去理解社会关系，具体到海关法律中，从法律关系角度去理解，不难发现，海关法律关系的底层是国际经济贸易法律关系，中间层是国家对国际经济贸易管控的法律关系，表层则是海关法律关系。当国际经济贸易格局改变，国际经济贸易法律关系发生改变时，首先就影响到国家对进出口贸易管控法律关系的调整，并进而影响到海关法律关系的调整变化。因此，从海关法律关系的底层、中层和表层这三层逻辑关系去把握国际经贸规则的变化，以及贸易管制法律规则和海关涉外法律规则的新特点、新规律，是理解贸易合规的一个重要视角。

一、底层逻辑：国际经贸法律规则的五个新特点

经济全球化经历了三个演进阶段，确立了不同的贸易规则。

第一阶段全球化是货物贸易时代的全球经济规则。率先进行工业革命的西方国家成为生产和制造中心，世界其他国家地区提供原材料和销售市场，形成“一国生产、全球消费”的全球化模式。这一时期的全球化特点就是货物贸易的扩张，财富集聚到一个或几个国家，为保护国家利益，关税壁垒成为国际贸易的主要障碍。为减少贸易保护主义对国际贸易的阻碍，1947 年 10 月达成《关税与贸易总协定》（GATT），以国民待遇原则和最惠国待遇原则确立了普惠关税制度，其基本宗旨就是“实质性地降低关税与各种贸易壁垒”。从 1947 年到 1973 年，GATT 经过 7 轮的市场准入谈判，关税水平显著降低，发达国家下降到 3.8%，发展中国家

下降到 12.3% 。各种非关税壁垒也受到约束。

第二阶段全球化是价值链贸易时代的全球贸易规则。20 世纪 90 年代以来，随着出现以互联网为基础的信息技术革命，以及跨洋运输能力的不断提高，实现了在全球范围内配置资源，按照比较优势对技术水平、劳动成本和消费市场进行全球布局，最大限度地节省成本，获取最大经济效益，形成“全球生产、全球消费”的贸易模式，零关税、零壁垒、零补贴（“三零”）和市场监管一致性成为国际贸易规则的主要特征，除最大限度消除关税和非关税壁垒外，国际市场的统一也显得尤为重要，世界银行的《全球营商环境报告》成为判断一个国家或地区营商环境好坏的重要标准。

第三阶段全球化是数字贸易时代的国际经贸规则。进入 21 世纪以来，以互联网、物联网、3D 打印、大数据、人工智能、云平台为标志的数字技术革命兴起，出现了数字经济、数字贸易等与传统货物与服务贸易相区别的新型经济和贸易形态。利用数字化手段推动传统国际贸易和价值链转型升级的新形态不断涌现，全球化组织生产、运输、消费的产业链、供应链、价值链也在悄悄发生改变，全球化生产和消费发生分离，“数字传输 + 本地生产”成为可能，传统国际贸易规则已经不能适应数字贸易时代的发展，数字贸易规则的制定和协调已经成为亟待解决的问题。

在这样一个因为新技术变革带来的国际贸易方式改变的时代，

WTO显然没有跟上时代发展需要，制度功能明显缺位。其原因：一是WTO传统谈判方式难以有效达成成效；二是WTO框架仍停留在传统国际贸易一体化阶段，关于数字贸易时代的数字化、低碳化、中小微企业等议题，仍处于诸边谈判进程中或根本未涉及；三是地缘政治因素加剧运行难度，经济效率不再是贸易和投资的主要驱动力，而对共同价值观和地缘战略兼容性的需求越来越多地影响贸易和投资流动。

2016年以来，以“跨太平洋伙伴关系协定”（TPP）、“全面与进步的跨太平洋伙伴关系协定”（CPTPP）、“美墨加协定”（USMCA）、“欧日经济伙伴关系协定”（EJEPA）及“全面区域经济伙伴关系协定”（RCEP）等为代表的超大型自贸协定（Mega FTA），正在引领新一轮国际经贸规则重构。这一新的国际经贸规则突出表现为以下五个特点：

一是全面性。

除涉及传统国际贸易消除贸易壁垒，在动植物检验检疫、商品质量、认证等传统经贸议题外，还涉及数字贸易、竞争中立、国有企业、知识产权、补贴政策、公司治理、生态环保、劳工标准、宏观经济政策、投资规则、汇率问题等新议题。

二是高标准。

以关税减让为例，“全面与进步的跨太平洋伙伴关系协定”（CPTPP）将在10年内逐步取消99%的农业和工业品关税。“欧日经济伙伴关系协定”（EJEPA）规定日本从欧盟进口的产品零关税率达到94%，而欧盟从日本进口的零关税率达到99%。“全面区域经济伙伴关系协定”（RCEP）规定10年内降税到零的货物高达90%。

三是强制性。

TPP、CPTPP、USMCA等区域贸易协定在立法架构上采用分立架构，就纺织品、服装贸易、金融服务等重要议题单独立法，在市场准入、投资、政府采购等领域采取“清单”式，大大提升了国际规则的强制性，此外这些协定还建立了具有执行力的争端解决机制，设立由缔约方组成的专业委员会负责监督和协调各自领域协议的执行。

四是排他性。

突出地体现在原产地规则和非市场经济条款。原产地标准涉及严苛的区域价值含量及劳动价值含量要求，其中规定了区域价值含量的具体标准，甚至将最低工资等劳工标准纳入其中。非市场经济条款加入了“毒丸条款”，排斥所谓“非市场经济国家”。如“美墨加协定”（USMCA）规定，任何一方和非市场经济国家签订自由贸易协定，将被踢出该协定。

五是从“边境上”转向“边境内”。

传统国际贸易主要聚焦关税和非关税壁垒，主要集中在“边境上”，而区域贸易协定将贸易新规则从“边境上”延伸到“边境内”，在竞争中立、国有企业、中小企业、贸易便利化、投资政策、知识产权、劳工标准、政府采购、环境产品、数据贸易、电子商务、价值链贸易、监管一致性以及透明度和反腐败等新议题上形成新规则，力求覆盖到市场的所有方面，这些规则的重心从“边境上”措施转向“边境内”政策。

二、中间层逻辑：贸易管制法律规则的六个新特征

传统国际贸易，特别是在 WTO 规则下，其主基调是自由贸易，贸易管制措施，包括关税、贸易救济措施、技术性贸易措施、出口管制、外汇管制等，是作为自由贸易的一种例外而使用。近年来，随着中美贸易摩擦、新冠疫情、俄乌战争以及地缘政治紧张，在西方出现以所谓“核心价值观”为基础的多边主义合作观，西方国家对国际贸易的管控在不断强化，贸易管制措施被持续放大使用，甚至已经超出了 WTO 规则和体系。

美国财政部长耶伦和欧洲银行行长拉加德原本是最坚定的多边主义者，但二人 2022 年分别在彼得森国际经济研究所、大西洋理事会发表演讲，认为当今世界经济效率将不再是贸易和投资流动的主要驱动力，对共同价值观和地缘战略兼容性的需求将越来

越多地影响贸易和投资流动。这意味着无视任何潜在的安全分歧或哲学思想差异的战后经济全球化时代正在接近尾声。耶伦指出，美国应该深化与“严格遵守全球经济体系的运作管理规范和价值观”的国家关系，与“相同核心价值观和原则”伙伴的合作是在重要问题上进行有效合作的关键。

在以“核心价值观”为基础的多边主义合作观支配下，贸易管制措施中的出口管制正成为美欧等西方国家的重要战略武器。美国智库“战略与国际问题研究中心”发布《优化美国出口管制执法方式以维护国家安全》报告，认为，随着核心技术在战略竞争中越来越重要，出口管制已成为美国维护国家利益的重要工具。2022 年 9 月，美国国家安全顾问沙利文表示，对俄罗斯的出口管制表明技术出口管制不仅仅是一种防御工具，只要将其稳健、持久和全面的实施，技术出口管制就能够成为美国和盟友的新战略资产。

在意识形态和共同价值观的左右下，贸易管制法律规则出现六个新特征：

一是在 WTO 体系下有针对性地强化关税和贸易救济措施。

首先，使用关税报复性措施。中美贸易摩擦以来，美国根据《对外贸易法》301 条款，对华分四批使用 301 关税，分别是 340 亿美元清单、160 亿美元清单、2000 亿美元清单、3000 亿美元清单。其中第一批加征 25% 关税，第二批加征 25% ，第三批加征

10%，后提高到25%，第四批加征7.5%。

其次，频繁使用两反一保措施。根据世界贸易组织等《世界关税概况》统计，各国普遍实施反倾销措施，美国措施数量最多，覆盖产品最广。截至2021年12月31日，美国共实行486条反倾销措施，覆盖496项HS6位编码的产品品类。中国遭遇的反倾销最多，共遭遇680条反倾销措施，覆盖1085项HS6位编码的产品品类。美国也是实行反补贴措施数量最多的国家，达170条，覆盖384项HS6位编码的产品品类。中国遭遇反补贴最多，达141条，覆盖产品329项HS6位编码的产品品类。

二是在WTO外拉小圈子，将中国排除在国际经贸体系外。

区别于特朗普政府，拜登政府大搞政府结盟，脱钩断链，联合盟友共同行动，实施系统、多边的围剿行动。这些小圈子不是区域自由贸易协定，更多的是政治联盟，如“四方芯片联盟”（CHIP4），针对中国进行芯片封锁；成立“美欧贸易和技术委员会”（TTC），要掌控未来数字经济和数字技术的标准；搞“印太经济框架”（IPEF），包括美国、日本、韩国、印度、澳大利亚、新西兰、东盟十国中七国，将战略重点部署在印度洋和太平洋地区，美国公开声称IPEF不是区域贸易协定，不是想申请加入就可以加入；G7峰会重整旗鼓，2023年5月19日至21日在日本广岛召开七国集团峰会，美国强调对华“去风险”而非“脱钩”，拜登主张有必要重组半导体和重要矿物资源等战略物资的国际供应链，摆脱对中国的过度依赖。

美国“近岸”“友岸”计划对我影响逐步显现。美国商务部数据显示，自特朗普政府以来，美国从中国货物进口额占比从2016年10月的22.81%大幅下降到2023年1月的15.04%，对加拿大、墨西哥的进口提升1.94%，至28.09%，对泰国、马来西亚、菲律宾、越南和中国台湾地区的进口提升3.04%，至10.16%。2023年前4个月，中国对东盟、欧盟进出口增长，对美国、日本下降。

三是针对数字经济核心技术，如芯片、关键矿物质等，进行出口管制。

美国通过供应链审查，圈定了四大核心供应链：半导体制造和先进封装、大容量电池、关键矿物和材料、医疗用品和原料药。

2022年8月9日，美国总统签署《芯片和科学法案》，限制3纳米以下的EDA软件出口中国大陆，禁止美国设备商向中国出售14纳米以下芯片制造设备。8月16日，美国总统签署《通胀削减法案》，对使用来中国“受关切的外国实体”的原材料或零部件的新电动车不能享受退税，能够获得补贴的汽车必须在美国组装，电池中的材料和关键矿物质，如锂和钴，40%必须来自美国或与美国有自由贸易协定的国家，该比例2027年将达到80%。2023年1月24日，欧洲议会产业暨能源委员会通过了《欧洲芯片法案》草案，2023年3月31日，日本宣布将修订《外汇及外国贸易法》相关法令，拟对用于芯片制造的6大类、23项先进芯片制造设备的出口加强管制措施。

四是以气候变化为由，增加新的绿色壁垒——碳关税措施。

碳关税是碳税的一种，是指对在国内没有征收碳税或能源税，存在实质性能源补贴国家的出口商品征收特别的二氧化碳排放关税。

欧盟出台全球首个“碳关税”机制碳边境调节机制（CBAM）。2023 年 4 月 25 日，欧盟理事会通过了 CBAM，将在 2023 年 10 月 1 日正式生效，钢铁、水泥、电力、化肥、铝是第一批征收对象，后增加氢，共六类。预计 2030 年 CBAM 将把欧盟碳市场涵盖的所有商品囊括进征税范围。中国是欧盟进口的“碳关税”钢铁、铝产品最大来源国，化肥排名第九，预计受到影响最大。2022 年 6 月，美国《清洁竞争法案》（CCA）草案公布，以美国产品的平均碳排放水平为基准，对碳排放水平高于基准的进口产品和本国产品征收碳税。2022 年 12 月 12 日，G7 正式宣布成立“气候俱乐部”。

五是增加新的蓝色壁垒——劳工标准、强迫劳动，并嵌入供应链体系。

2022 年 6 月 21 日，美国执行所谓“维吾尔强迫劳动预防法”（UFLPA），美国海关与边境保护局将根据海关法行使其权力，扣留、排除或扣押和没收该法案范围内的货物，如果进口商能够提供“明确和令人信服的证据”，证明其商品不涉及强迫劳动，则可获得法律豁免权。由于对涉疆商品实行强迫劳动推定，该类商品在5日内被扣留，一旦被认定将被当场销毁。

2022年9月14日，欧盟委员会公布《欧盟市场禁止销售强迫劳动产品条例》草案，禁止欧盟经营者参与涉及“强迫劳动”成分产品的经营活动，授权欧盟成员国政府启动对可能含有“强迫劳动”成分的产品及其欧盟经营者的行政调查，海关依据调查结果扣留甚至销毁涉案产品并在欧盟范围内开展禁止“强迫劳动”的统一执法行动。

2023年5月17日，欧委会正式公布了欧盟海关法典改革方案，据称是自1968年欧盟海关同盟成立以来最雄心勃勃、最全面的改革建议，其中一项改革就是增强非传统职能，打击违反欧盟关于气候变化、森林砍伐、强迫劳动等法律法令的非法贸易，捍卫欧盟共同价值观。

六是国内法域外扩张适用，实施长臂管辖。

传统一国贸易管制措施仅限制在一国范围内，但以美国为首的西方国家贸易管制措施延伸到本国之外，搞国内法的域外适用、实施长臂管辖。

从法理上讲，国家行使域外管辖时受到约束，即所管辖事项和管辖权之间必须存在真实有效的联系，但这种连结点被随意解释和滥用。以美国为例，在属人管辖上，美国1969年《出口管理法》和系列出口管制法规，均禁止任何人将源于美国的货物和技术出口到被制裁的国家。这实际上是将国籍这一连结点扩展适用于货物和技术。在属地管辖上，突破了传统领土、领空、领海的范围，使用美国金融系统和美元进行交易，客观上对美国造成了影响，美国都有管辖权。考虑到美元的世界货币地位以及在国际商业交易中使用的普遍性，这无疑赋予了美国极为宽泛的管辖权。在保护管辖上，如美国基于伊朗发展核技术试图研制核武器的行为危害本国国家安全为由，针对伊朗颁布了《伊朗核不扩散法》，对发生在美国境外的、涉嫌向伊朗提供“大规模杀伤性武器”的行为实施制裁。在普遍管辖上，美国制定了《全球马格尼茨基人权问责法》，授权美国政府对全世界任何地区从事严重侵犯人权行为的政府官员禁发签证并封存其在美国的资产。

三、表层逻辑：海关涉外法律规则的五个新变化

由于贸易管制措施被放大使用，作为在边境上执行贸易管制措施的海关及海关法律关系发生五个显著新变化，集中体现在海关涉外法律主导原则、海关涉外法律关系要素和海关涉外法律司法上。

一是贸易安全上升为海关涉外法律的主导原则。

贸易便利和贸易安全是自由贸易前进的两个轮子，“二战”以

后，贸易便利和自由化一直是国际贸易的主题，2000 年以后，重心逐步转向贸易安全。21 世纪的头十年，特别是“9·11”事件发生后，美国重点是反恐，特别是防止恐怖主义利用国际贸易渗透，破坏国家安全和公共安全；第二个十年，随着中国等新兴国家的兴起，美国加大了反倾销反补贴、知识产权保护和出口管制，加强了国家经济安全管控，甚至奉行单边主义，以安全为名大打贸易战；第三个十年的伊始，新冠肺炎疫情肆虐全球，各国纷纷关闭边境，禁止人员往来，全球供应链断裂，国际公共卫生安全成为全球性问题，并成为影响国际贸易的首要因素。

国际贸易中的贸易安全是跨境国际贸易活动中产生的安全，是综合性的安全问题，涉及国民安全、政治安全、军事安全、经济安全、文化安全、社会安全、科技安全、信息安全、生态安全、资源安全、生物安全等，其中重点是经济安全。经济全球化趋势因为贸易保护主义、单边主义等主观因素，或因为疫情等不可抗力等客观因素受阻，贸易安全成为现阶段主导原则。

二是海关涉外法律关系主体范围扩大到供应链以外。

经济全球化背景下从事国际贸易是一个复杂的供应链系统，货物的跨境流动涉及很多不同的法律关系和法律主体，调整进出境活动的海关涉外法律将供应链链条上利益方纳入法律关系主体范围，而贸易管制，特别是出口管制出于保护本国利益的立场，将主体范围进一步扩大，甚至超过了供应链链条覆盖范围，反映了贸易安全主导下的法律关系主体已经超过了贸易便利主导下的法律关系主体范围。

世界海关组织《全球贸易安全与便利标准框架》是第一部将贸易安全放在首位的海关国际法律制度。框架覆盖了供应链上所有主体，规定了“经认证的经营者（AEO）”。“经认证的经营者”被定义为：“以任何一种方式参与货物国际流通，并被海关当局认定符合世界海关组织或相应供应链安全标准的一方，包括生产商、进口商、出口商、报关行、承运商、理货人、中间商、口岸和机场、货站经营者、综合经营者、仓储业经营者和分销商。”由此可见，标准框架涵盖了供应链上的所有主体。

出口管制法中法律关系的主体范围则要比“经认证的经营者”范围更广，已经从供应链上的主体延伸到供应链以外，甚至是最终用户，即最终使用者和管制物项有关的所有自然人、法人。美国出口管制法适用范围主要针对美国人、美国商品和一些特定的外国人。当一国企业被认定为“美国人”或涉及来源于美国的产品，都可能使该企业受到美国出口管制法的管辖。我国《出口管制法》主要适用对象不仅包括供应链上各主体，如在货物进出境的主体，包括“发货人”和“代理报关企业”，“出口经营者”，供应链上其他各主体，还包括“最终用户”，甚至延伸到“境外的组织和个人”。

三是海关涉外法律关系客体从有形物延伸到服务、技术、数据等无形物。

传统意义上海关法律关系的客体是进出境运输工具、货物、物品，即“有形物”，即使海关职能向非传统职能扩展，例如对知识产权的边境保护，也是基于知识产权的载体货物或物品进行保护。出口管制法也是一样，传统意义上的出口管制对象主要集中在两用物项、军品和核材料等，而在贸易安全原则主导下，出口管制法的法律关系客体已经扩展到“无形物”，包括信息技术、软件、数据等。

美国出口管制的适用的范围不仅包括实体货物，还包括计算机软件、数据、技术等。美国 2018 年《出口管制改革法案》对“新兴和基础技术”的界定十分广泛，首先该技术涉及美国的国家安全，其次该技术必须在《国防产品法》及其修正案中所列举的“关键技术”范围之外。法案还专门增加了识别受管制技术的程序。根据我国《出口管制法》第 2 条的规定，国家对两用物项、军品、核以及其他与维护国家安全和利益、履行防扩散等国际义务相关的货物、技术、服务等物项的出口管制，适用本法。该条同时规定，管制物项包括物项相关的技术资料等数据。

四是海关涉外法律行为由“自由贸易行为”走向“国家管制下的自由贸易行为”。

“二战”以来，经济全球化发展迅猛，以美国为代表的资本主义国家主张贸易自由，并通过关贸总协定和后来的世界贸易组织建立起全球贸易自由的基本规则，规则的核心内容就是消除关税和非关税壁垒，实现货物的自由流动。尽管目前关税和非关税措施被保留，但也受到国际规则的制约。以上关税和非关税措施，都在倡导自由贸易的国际贸易规则的体系范围内，因此都可以看作鼓励自由贸易的法律行为的法律规则和体系。但是，出口管制法则是在自由贸易以外，加上了基于国家安全的国家管控，虽然从法律上讲是自由贸易规则的例外，实质上已经不受自由贸易规则和体系的约束了，海关涉外法律行为由“自由贸易行为”走向“国家管制下的自由贸易行为”。以出口管制法为例，对自由贸易行为的管控，一是通过修改“出口”定义，扩大“出口”范围；二是通过规定出口许可制度来实现的。

关于“出口”定义。美国《出口管制改革法案》规定，“export”出口一词，包括：（A）将该物品装运或者运输出美国，包括以任何方式将该物项送出或者带出美国；以及（B）将该物项有关的技术或者原代码放行或者转卖给美国境内的外国人。此外，该法案还对“再出口”“转移”进行了界定，并纳入出口管制的范围。我国《出口管制法》“出口”不仅包括一般出口，即从境内向境外转移，还包括过境、转运、通运、再出口，以及从特殊监管区域、保税监管场所向境外出口，以及本国人向外国人提供、出售管制物项。

关于出口许可制度。美国《出口管制改革法案》规定了出口许可证程序。例如，就处理许可证申请来说，要求对拟作出的转运评估，规定了对美国国防工业基础具有重大不利影响的就不得颁发许可证。根据我国《出口管制法》第 11 条的规定，出口经营者从事管制物项出口，应当取得相应的资格。第 12 条规定，国家对管制物项的出口实行许可制度。为敦促国际贸易行为由“自由”走向“国家管制下的自由”，第 14 条还规定，出口经营者建立出口管制内部合规制度。

五是海关涉外法律呼吁新的国际多边治理。

海关涉外法律，尤其是出口管制法出于保护国家利益的考虑，在法空间适用原上突破了一国属地管辖原则，域外适用被普遍采用，例如美国《出口管制改革法案》规定管控的物项即使没有经过美国本土，从第二国到第三国，也要受美国《出口管制改革法案》管辖。我国《出口管制法》第 44 条规定，中华人民共和国境外的组织和个人，违反本法有关出口管制管理规定，危害中华人民共和国国家安全和利益，妨碍履行防扩散等国际义务的，依法处理并追究其法律责任。从国内法来看，各国出口管制法的域外适用规定虽然保护了本国国家利益，但也造成了管辖上的混乱，会造成国家和国家之间的法律冲突，破坏法律的稳定性和可预期性。从国际法来看，《瓦森纳协定》是由美国等西方国家所控制的多边法律，它是一种建立在自愿基础上的集团性出口控制机制。

虽然《瓦森纳协定》声称不针对任何国家和国家集团，不妨碍正常的民间贸易，也不干涉通过合法方式获得自卫武器的权力，但无论从其成员国的组成还是该机制的现实运行情况看，它具有明显的西方集团性质和针对发展中国家的特点。随着中国等新兴国家的崛起，特别是中国已经成为世界上第一大货物贸易国，世界第二大经济体，以美国为代表的西方国家企图以“国家安全”为借口，用出口管制来限制正常国际贸易的发展，阻碍中国发展。在此背景下，尤其需要突破美国等西方国家的国际“安排”，建立起发达国家和发展中国家平等对话和协商机制，以及新的国际多边治理法律体系。

结　语

今天，我们面临全球气候变化、地缘政治紧张、多边贸易体制受到挑战、美欧急于贸易脱钩断供、重新平衡供应链、单边制裁、极限施压等这样一个复杂多变的时代，用一个时髦的词概括就是“乌卡时代”（VUCA），即易变性（Volatility），不确定性（Uncertainty），复杂性（Complexity）及模糊性（Ambiguity），特别是美国等少数西方国家利用各种借口，对我国企业滥用出口管制措施和无理实施歧视性限制措施，干预正常贸易往来和市场行为，给我国进出口企业带来了巨大的贸易合规风险。

习近平总书记曾引用刘向《说苑·谈丛》中的一句话，“不困在于早虑，不穷在于早豫”，要想不陷入困境，就须提前谋划，要想不至于绝境，就须事先预防。总书记提醒我们，要从忧患意识把握新发展理念，进一步扩大开放、维护多边国际贸易秩序。

基于海关涉外法律关系的三层逻辑，要有效应对国际贸易挑战，特别是以美国为首的西方国家贸易管制措施，尤其是频繁使用的出口管制措施对我国的影响，就必须有针对性地在底层逻辑、中间层逻辑、表层逻辑上采取系统性应对措施。

一是在底层逻辑上要始终坚持多边自由贸易规制的立场。在国际经贸规则上坚持经济全球化正确方向，推动贸易和投资自由化便利化，推进双边、区域和多边合作，坚决维护多边贸易秩序，推动WTO改革，将数字贸易等新型国际贸易纳入WTO体系和制度中，推动建设开放性世界经济，维护自由贸易。如果底层逻辑不变，国际贸易自由化的方向不变，受多边国际规则的规制不变，中间层和表层逻辑会始终受到底层逻辑的约束，就耍不出多少花招。

二是在中间层逻辑上要始终反对不受WTO约束的贸易管制措施。要积极参与全球治理体系改革和建设，坚定维护以联合国为核心的国际体系，以国际法为基础的国际秩序，反对搞针对特定国家的阵营化和排他性小圈子，反对保护主义、反对“筑墙设垒”

和“脱钩断链”，反对单边制裁、极限施压、长臂管辖，所有贸易管制措施都应受到WTO规则的约束。

三是在表层逻辑上要完善我国以海关法为核心的海关涉外法律体系建设。要形成完备的海关涉外法律规范体系，高效的海关涉外法律实施体系，有力的海关涉外法律保障体系。要在总体国家安全观指导下，制定和实施我国贸易管制措施。要重点建立出口管制法律体系，出口管制反制措施要系统设计，精准实施。实施出口管制措施的目的，是防止它国不滥用出口管制措施，维护国家利益，维护国际公平贸易秩序。

（这是作者2023年6月18日在厦门国家会计学院“首届企业合规建设推进高水平对外开放”论坛所做的主题演讲，论文发表在《海关法评论》第12卷）

从刑事一体化看党的十九大以来我国走私犯罪的刑事策略

走私犯罪是一个复杂的社会问题，涉及历史学、经济学、法学、社会学等诸多学科专业领域，其中，处理走私犯罪问题直接涉及的是刑事法律，而走私犯罪刑事法律又涉及刑法、刑事诉讼法、刑事政策、刑事侦查学、犯罪学等诸多刑事法律下属学科专业。通过客观现象或事实，把握规律，遏制或减少走私犯罪给社会经济带来的负面影响，是刑事法律学科的任务和使命。而要掌握走私犯罪的规律，发挥刑事法律学科专业的综合作用，刑事一体化是重要的指导思想和方法。从刑事一体化分析走私犯罪现象或经验，把握走私犯罪规律和特点，可以发挥抓住“牛鼻子”、事半功倍的作用，有效遏制走私犯罪，有效控制和减少走私犯罪对社会经济的破坏。

一、党的十九大以来我国走私犯罪的形势分析

1. 走私犯罪总体形势依然严峻

据统计，2017～2021 年全国海关立案侦办的走私犯罪案件数、案值呈增长的趋势。2017 年案件数 3260 起，涉税走私犯罪案值 359.9 亿元；2018 年案件数 3601 起，涉税走私犯罪案值 451.2 亿元；2019 年案件数 4198 起，涉税走私犯罪案值 781.6 亿元；2020 年案件数 4061 起，涉税走私犯罪案值 927.3 亿元；2021 年案件数 4259 起。

2. “洋垃圾”、象牙等濒危物种制品走私得到有效遏制

通过严厉打击“洋垃圾”走私、象牙等濒危物种制品走私，案件数量明显下降。2021 年查证走私“洋垃圾”4.2 万吨，同比下降 97.4%，全国海关退运固体废物 42.2 万吨。查获走私象牙从 2019 年的 9.2 吨下降到 2021 年的 68 公斤，海关总署缉私局和福州、厦门、广州、黄埔、南宁海关缉私局先后获得联合国环境署、国际 CITES 组织授予的亚洲环境执法奖、克拉克·巴文野生动物

执法奖。

3. 海上走私、水客走私、“套代购”走私突出

随着国家对“洋垃圾”、象牙等濒危物种制品走私的严厉打击，以及国家进出口管制和贸易政策的调整，走私犯罪的地域和渠道发生漂移，当前海上、水上、旅检、货运、跨境电商渠道走私呈现多头并进态势，粤港澳海上跨境走私、珠澳口岸“水客”走私、海南离岛免税“套代购”走私突出。海上成品油走私严重，近几年成品油走私规模持续保持高位，2019 年，全国海关缉私部门立案侦办成品油走私犯罪案件 342 起，案值 148. 1 亿元。

二、党的十九大以来我国走私犯罪的刑事政策

我国走私犯罪的刑事政策总的来说是“宽严相济”、以严为主、严中有宽。以严为主，体现在国家高度重视打击走私，国家打击走私体制机制不断完善，海关缉私能力不断提升，综合治理效能不断加强。严中有宽，体现在认罪认罚制度在走私犯罪司法处理中得到充分运用。

1. 中央领导高度重视

习近平总书记高度重视走私犯罪问题，党的十九大以来多次

对打击走私作出重要批示。此外，中央领导还高度关注“水客”走私、粤港澳海上跨境走私等，作出重要指示批示。

2. “打私”体制机制不断完善

2007 年国务院同意海关总署的请示，建立全国打私综合治理部际联席会议制度。在国务院领导下，研究拟订反走私工作的重大政策措施，向国务院提出建议；协调解决反走私工作中的重大问题；指导、督促、检查各省、自治区、直辖市反走私综合治理工作。该联席会议原则上每年召开一次例会，根据工作需要召开全国打私工作座谈会；每年召开全国海关缉私工作会议暨打私办主任会议。国务院起草了《关于反走私综合治理的若干规定》，出台了《关于加强新形势下打击冻肉走私工作的意见》《“三无船舶”联合认定办法》。海关总署坚决贯彻落实党中央海关缉私部门管理体制调整重大决策部署，进一步加强打击走私工作，出台“1 +6”文件。

3. 综合治理成效明显

党的十八大以后，进一步明确地方各级政府是本地区反走私综合治理的责任主体，重点市县打私办“实体化运作、实体化管理”，主体责任进一步加强。广西建立“大协同多锁链”反走私综合治理体系，浙江出台“反走私综合治理工作方案”，云南所有州市设立打私办，广东理顺海防打私体制机制等，全国打私办修订“反走私综合治理工作检查考核标准”，加强对地方的考核指导。

党的十九大以后，地方政府组织领导更加有力，浙江、广东、福建、广西、海南、山东、辽宁、上海、河南、新疆等地打私办实体化运作成效明显，广东、辽宁、浙江、海南等地方性法规规章陆续出台，广西、云南等边境地区人防、物防、技防建设持续推进，广东、浙江、福建等地“智慧综治”效果明显。各地无走私村示范点建设持续深入，基层治理效果进一步显现。

4. 海关缉私能力不断提升

党的十八大以后，海关缉私走专业化发展道路，改革创新，“智慧缉私”见成效，缉私能力不断提升。海关总署、全国打私办先后组织了“国门之盾”“绿篱”“春雷”“国门利剑”“蓝天”等16次大规模打击走私专项斗争和联合行动，国际合作拓展到30多个国家和地区。党的十九大以后，全力构建“智慧缉私”，打造“主动查发、精准打击、规范执法”的缉私业务体系，缉私能力和水平显著提升，打击方式更加先进、作战模式更加高效、执法办案更加规范、基础保障更加有力。

5. 认罪认罚制度得到充分运用

2018年我国《刑事诉讼法》第三次修改，将认罪认罚从宽规定作为一项重要的制度，2019年“两高三部”《关于适用认罪认罚从宽制度的指导意见》进一步规范了认罪认罚制度的运用。认罪认罚制度是宽严相济刑事政策在刑事司法中的具体体现，在走私罪中也得到积极运用。例如，自2018年10月新《刑事诉讼法》实施至2020年5月，上海市某人民检察院共办理运用认罪认罚从宽制度的走私犯罪案件99件131个人26个单位，其中，提起公诉63件92个人22个单位，相对不起诉36件39个人4个单位，罪名主要涉及走私普通货物、物品罪，走私国家禁止进出口的货物罪，走私珍贵动物制品罪，走私废物罪等。从适用效果来看，确定刑量刑建议比例不断提升，法院采纳率高，适用缓刑率高，用好羁押必要性审查和起诉裁量权有利于社会矛盾化解①。

三、党的十九大以来我国走私犯罪的刑事法律对策

1. 党的十九大以来刑事立法和司法解释情况

我国《刑法》分则第三章第二节对走私罪进行了具体规定，《刑法修正案》《刑法修正案（四）》《刑法修正案（七）》《刑法修正案（八）》《刑法修正案（九）》分别就走私废物罪、走私珍稀植物及其制品罪，以及走私罪的死刑存废等进行了修改，2020年《刑法修正案（十一）》考虑国家生物安全的保护需要，在《刑

① 聂文峰、刘阿华：《认罪认罚从宽制度在走私犯罪案件适用中存在的问题及解决思路》，载陈晖主编：《海关法评论》第10卷，法律出版社2021年版，第179～187页。

法》第334条增加走私人类遗传资源材料罪。

在司法解释方面，我国1997年《刑法》颁布后，先后于2000年、2006年颁布了最高人民法院《关于审理走私刑事案件具体应用法律若干问题的解释》（法释〔2000〕30号）、最高人民法院《关于审理走私刑事案件具体应用法律若干问题的解释（二）》（法释〔2006〕9号）。2014年最高人民法院、最高人民检察院颁布《关于办理走私刑事案件适用法律若干问题的解释》，以上两个司法解释因此废止。2021年最高人民法院、最高人民检察院、海关总署、公安部、中国海警局联合制定了《关于打击粤港澳海上跨境走私犯罪适用法律若干问题的指导意见》。

此外，2019年最高人民法院、最高人民检察院、海关总署发布《打击非设关地成品油走私专题研讨会会议纪要》（署缉发〔2019〕210号），该纪要是海关总署与最高人民法院、最高人民检察院联合发布的规范性司法文件①，对司法实践具有指导作用。

2. 刑事立法和司法解释修改完善的重点内容

（1）利用他人许可证件走私限制进口废物，以走私国家禁止进出口的货物、物品罪处理。“洋垃圾”走私一度十分严重，由于

① 郭慧等：《〈打击非设关地成品油走私专题研讨会会议纪要〉的理解与适用》，载中华人民共和国最高人民法院刑事审判第一、二、三、四、五庭主办：《刑事审判参考》总第124集，法律出版社2020年版，第214页。

废物进出口国家实行许可证制度，利用他人许可证走私固体废物的行为十分突出，根据最高人民法院和最高人民检察院《关于办理走私刑事案件适用法律若干问题的解释》第21条的规定，租用、借用或者使用购买的他人许可证，进出口国家限制进出口的货物、物品的，以走私国家禁止进出口的货物、物品罪等罪名定罪处罚；偷逃应缴税额，同时构成走私普通货物、物品罪的，依照处罚较重的规定定罪处罚。这样便有力打击了此类利用他人许可证走私固体废物的行为，此类案件明显减少。

（2）走私成品油以走私普通货物、物品罪处理。成品油走私一直是走私重点对象，特别是海上成品油走私，走私规模很大，此外，货运渠道、边境“蚂蚁搬家”式成品油走私屡打不绝。2019年3月27日，最高人民法院、最高人民检察院、海关总署召开非设关地成品油走私专题研讨会，形成了《打击非设关地成品油走私专题研讨会会议纪要》，专门就非设关地成品油走私问题作出规定，明确走私成品油适用普通税率，以走私普通货物罪定罪处罚。该纪要还对走私故意认定，收购走私成品油行为、犯罪数额的认定，证据的收集，涉案货物、财产及运输工具的处置，专属经济区或者公海走私成品油的查处等问题进行了明确。

（3）走私未取得检验检疫证书的冻品以走私国家禁止进出口货物罪处理。粤港澳海上跨境走私冻品等犯罪频发，为严厉打击粤港澳海上跨境走私，2021年12月14日最高人民法院、最高人民检察院、海关总署、公安部、中国海警局联合制定了《关于打击粤港澳海上跨境走私犯罪适用法律若干问题的指导意见》。该指导意见指出，非设关地走私进口未取得国家检验检疫准入证书的冻品，应认定为国家禁止进口的货物，构成犯罪的，按走私国家禁止进出口的货物罪定罪处罚。同时规定，走私犯罪分子在实施走私犯罪或者逃避追缉过程中，实施碰撞、挤别、抛撒障碍物、超高速行驶、强光照射驾驶人员等危险行为，危害公共安全的，以走私罪和以危险方法危害公共安全罪数罪并罚。该指导意见还对用于运输走私冻品等货物的船舶、车辆的处置进行了原则性规定。

（4）向非直接走私人购买走私货物、物品，区分情况，按照洗钱罪或掩饰、隐瞒犯罪所得、犯罪所得收益罪处理。为打击流通渠道购买私货，堵塞走私货物物品流入市场的渠道，《打击非设关地成品油走私专题研讨会会议纪要》规定：直接向走私人购买走私的成品油，数额较大的，以走私罪论处；向非直接走私人购买走私的成品油的，根据其主观故意，分别按照洗钱罪或者掩饰、隐瞒犯罪所得、犯罪所得收益罪定罪处罚。行为人在销售的成品油中掺杂、掺假，以假充真，以次充好或者以不合格油品冒充合格油品，构成犯罪的，以生产、销售伪劣产品罪定罪处罚。

（5）对用于运输走私的船舶、车辆的处置。为了防止走私犯罪分子重复使用用于运输走私的船舶、车辆，《关于打击粤港澳海上跨境走私犯罪适用法律若干问题的指导意见》和《打击非设关地成品油走私专题研讨会会议纪要》对用于运输走私的船舶、车辆，规定按照以下原则处置：①对“三无”船舶，无法提供有效证书的船舶、车辆，依法予以没收、收缴或者移交主管机关依法处置；②对走私犯罪分子自有的船舶、车辆或者假挂靠、长期不作登记、虚假登记等而实为走私分子所有的船舶、车辆，作为犯罪工具依法没收；③对所有人明知或者应当知道他人实施走私冻品等犯罪而出租、出借的船舶、车辆，依法予以没收。“明知或者应当知道他人实施违法犯罪”，规定了5种情形作为判断的依据。

（6）“水客走私”三次入刑司法实践中充分运用。“水客”走私一直是口岸走私的顽疾，随着海南自由贸易港的建设，海南“离岛免税”水客走私又开始泛滥。为有力打击“蚂蚁搬家式”水客走私，《刑法修正案（八）》将《刑法》第153条走私普通货物物品罪数额犯修改为“数额＋情节犯”，规定“走私货物、物品偷逃应缴税额较大或者一年内曾因走私被给予二次行政处罚后又走私的，处三年以下有期徒刑或者拘役，并处偷逃应缴税额一倍以上五倍以下罚金”。最高人民法院和最高人民检察院《关于办理走私刑事案件适用法律若干问题的解释》对“一年内曾因走私被给予二次行政处罚后又走私”中的“一年内”“被给予二次行政处罚”“又走私”进行了解释。在打击“水客”走私的专项行动中，上述《刑法》规定和司法解释得到了充分运用。

四、党的十九大以来我国走私犯罪的犯罪学对策

犯罪由复杂的犯罪原因和要素构成，按照犯罪因素对犯罪结果的原因力大小可以区分为犯罪根源、犯罪原因、犯罪条件和犯罪相关因素等。由于走私犯罪具有复杂的政治、经济、社会、法律等原因或要素，在短时间内要消除走私犯罪的根源或原因是不现实的，现阶段更多的是在走私犯罪条件和走私犯罪相关因素上采取针对性措施，给走私犯罪的实现制造困难或障碍，从犯罪条件和相关因素上遏制走私犯罪。

1. 对走私犯罪犯罪前预防对策

对走私犯罪犯罪前预防对策，主要是针对走私行为、走私货物物品和边境走私环境的预防上。在对走私物的预防方面，为打击“洋垃圾”走私，我国深化与联合国环境署、巴塞尔公约秘书处等国际组织的合作，打击固体废物走私，与欧盟以及新加坡、马来西亚等国家和地区共同开展打击固体废物走私联合行动，有效堵塞境外固体废物走私入境渠道；在对走私人的预防方面，加强对重点人群的管控。例如，中资（澳门）职业介绍所协会积极配合海关，组织 10 万余名赴澳劳务人员签署《进出境旅客海关监

管规定告知书》，明确告知旅客海关监管规定和走私需要承担的法律责任，督促赴澳劳务人员遵纪守法、诚信通关。边检、出入境管理部门布列边控对象，对频繁活动与珠澳口岸的重点“水客”采取限制签注措施。在边境走私环境预防方面，一是我国充分发挥双边国际合作作用，2017 年 11 月，习近平总书记对越南进行国事访问，在与越南国家领导人共同发表的《中越联合声明》中，专门提出“商讨规范边境地区设关活动，防范打击走私等各类违法犯罪活动”。中央、地方公安、商务、海关各部门共同开展工作，敦促越方规范设关行为、加强边境管控。二是调整贸易政策，让走私物失去价值。2017 年 3 月，我国将澳大利亚冷冻肉准入对象从之前的 11 家企业扩大到所有合格的出口商；5 月，我国与美国谈判通过《中美贸易百日计划》，时隔 14 年之后我国再次允许美国牛肉进口；12 月，我国对部分消费品进口关税进行调整，范围覆盖奶粉、尿不湿、冷冻海鲜等国内需求旺盛商品，平均税率从 17.3% 下降至 7.7%，肉类、奶粉等国内需求旺盛的商品正常进口规模持续扩大，压缩了此类商品的走私价值空间。2017 年年底我国禁止 4 类 24 种固体废物进口，2019 年全面禁止固体废物进口，利用他人许可证进口固体废物的行为因为贸易政策的变化已不复存在，此类走私行为几乎杜绝。

2. 对走私犯罪犯罪中预防对策

对于着手实施过程中的走私犯罪，有效的预防对策包括边境基础设施建设、通过“智慧缉私”建立进出境旅客数据库、提高查获率等。在边境基础设施建设方面，加强基础设施的建设，从物理空间上增加走私的难度，这是从犯罪条件上预防走私犯罪的发生。例如，中央支持广西边境基础设施建设3年规划，加强广西、云南边海防基础设施建设，广西新建一批边境管控护栏、执勤哨所。在通过“智慧缉私”建立进出境旅客数据库、提高查获率方面，海关缉私部门建立走私基础数据库，通过大数据分析，实现从“事后打击”到“事先预警+事中拦截”的转变。海关缉私部门在确保办案查证率的基础上提高案件查获率，并最大限度查扣、追缴走私货物及资金，提高违法成本，让走私分子无利可图，最大限度挤压走私获利空间。海关“洋垃圾”查获率和成品油查获率大幅提升，象牙等濒危物种制品、武器弹药、毒品等涉案物品基本实现应扣尽扣、应缴尽缴。2021年上半年海关对“水客走私”的严肃查处，导致“水客”损失惨重，部分走私组织者要求“水客”自行承担贵重商品被查扣的损失。查获率的提升，走私犯罪案数的下降，有效地发挥了犯罪行为实施中的预防作用。

3. 对走私犯罪犯罪后预防对策

对走私犯罪犯罪后的预防，主要体现在对流通领域的治理上。广东、广西、云南、湖北、湖南、河南等省区开展运输环节联合执法，加大对高速公路私开道口行为的整治力度，切断私货运输链条。对私货集散地和市场开展集中清理整顿，严肃查处私货交易行为，进一步规范市场秩序。为打击“水客走私”市场，广东省及深圳、珠海市打私办组织协调海关、公安、市场监管等部门整肃市场，在珠海开展“敲门”行动，进行地毯式清查，关闭揽货点，对重点区域开展滚动巡查。2020 年 12 月底，海关缉私部门和深圳当地警方联合对涉嫌通过跨境电商平台走私的团伙开展集中打击行动，对华强北曼哈美妆交易中心等多个商场内的涉嫌走私店铺进行查缉。犯罪团伙涉嫌走私货物价值超 6 亿元，涉私店铺、仓库纷纷关闭，这次查缉被网络和媒体评价为“十几年来罕见的严查”。对流通领域的清理和整顿，堵住了私货销售渠道，从犯罪后预防了走私犯罪的发生。

五、对党的十九大以来我国走私犯罪刑事策略的经验总结

1. 坚持党对打私工作的集中统一领导

走私犯罪是跨境犯罪，也是行政犯罪、经济犯罪，涉及的地理空间广、行为链条长、对象包罗万象且翻新快，走私犯罪违反的国家行政法律法规也多，牵涉的国家、地方部门多，因此要有效打击走私，必须坚持党的集中统一领导，动员全社会力量，共同发力，这样才能遏制走私和有效预防走私的发生。全国建立打

击走私综合治理部际联席会议制度，全面落实中央决策部署，研究解决走私突出问题。国务院召开全国打私工作座谈会、部际联席会议，地方政府承担反走私综合治理主体责任，发挥地方政府打击走私基础作用，地方打击走私工作机制形成，无走私村示范点建设持续深入，象牙、“洋垃圾”走私明显减少，成品油、“水客”走私得到有效遏制。

2. 坚持以总体国家安全观指导打私工作

坚持总体国家安全观是习近平新时代中国特色社会主义思想的重要内容，我国打私工作充分体现了以总体国家安全观为指导。国家安全是安邦定国的重要基石，维护国家安全是国家和人民的根本利益所在。打私工作和国家安全休戚相关，走私一旦泛滥，会从传统的侵蚀财税安全，扩展到危害政治、经济、社会、文化、生态安全等诸多领域，形成区域性、系统性风险，直至危及整体国家安全。我国打私工作始终牢固树立总体国家安全观，坚持国家利益至上，坚持专项治理与源头治理、系统治理、依法治理、综合治理相结合，将反走私工作纳入社会治安综合治理统筹推进，打造共建共治共享的社会治理格局，有效打击了各类走私违法犯罪活动，特别是遏制了个别突出走私犯罪，防止了系统性危害国家安全犯罪的发生。

3. 打私工作充分体现了以人民为中心的发展思想

以人民为中心是习近平法治思想“十一个坚持”的重要内容，

打私工作充分体现了这一思想。在反走私综合治理工作中，紧紧抓住人民最关心最直接最现实的利益问题，聚焦人民群众反映最强烈的“洋垃圾”、象牙、食糖、大米等突出走私问题，坚决予以打击整治，将危害人民群众财产安全的有害物质拒之于国门之外，更好地满足了人民群众对安全食品、清洁空气、绿色家园的期待。

4. 依法打私

全面依法治国的总目标是建设中国特色社会主义法治体系，建设社会主义法治国家。我国打私工作始终坚持依法打击走私，依法综合治理，加强反走私法治建设，建立、完善打击走私的法治体系。一是开展打击走私的专门立法。海关总署起草了《反走私工作条例（征求意见稿)》，2017 年 5 月 18 日国务院法制办向全社会征求意见，该项打击走私的专门立法（名称改为《国务院关于反走私综合治理的若干规定》）已进入立法程序的最后阶段，专门立法将进一步促进形成依法打击走私的法治体系。二是完善打击走私的刑事法律体系。我国《刑法》分则规定“走私罪”专门一节外，《刑法修正案》《刑法修正案（四)》《刑法修正案（七)》《刑法修正案（八)》《刑法修正案（九)》《刑法修正案（十一)》先后对走私罪进行了修改完善，《关于办理走私刑事案件适用法律若干问题的解释》《关于打击粤港澳海上跨境走私犯罪适用法律若干问题的指导意见》《打击非设关地成品油走私专题研讨会会议纪要》等司法解释或解释性文件发挥司法指导作用。三是完善打击走私的行政法律体系。除修改完善《海关法》《人民警察法》《海关行政处罚实施条例》之外，出台了《关于加强新形势下打击冻肉走私工作的意见》《“三无船舶”联合认定办法》等文件。四是开展打击走私的地方立法活动。广东省、辽宁省、深圳经济特区先后制定《反走私综合治理条例》，浙江省制定《反走私综合治理规定》，海南省制定《反走私暂行条例》等。

5. 刑事一体化思想在打私工作中得到了充分体现

在我国打私工作中，综合运用刑事多学科打击走私犯罪，遏制走私犯罪个罪高发，预防甚至消除某类走私犯罪个罪的刑事一体化思想得到充分运用。其基本逻辑是，通过犯罪学分析研判走私犯罪现象，用宽严相济的刑事政策指导刑事司法活动，通过专项行动，提高查获率，通过司法解释，进一步明确《刑法》规定，严厉打击高发走私犯罪个罪，充分发挥反走私综合治理机制作用，预防和遏制走私犯罪的发生，由此形成了从犯罪现象分析→刑事政策指导→犯罪侦查→刑法适用→犯罪预防的闭环系统，从犯罪学→刑事政策学→犯罪侦查学→刑法学→犯罪学的刑事一体化思想得到充分体现。以“洋垃圾”走私为例，党的十九大前后，我国“洋垃圾”走私一度猖獗，利用他人许可证走私“洋垃圾”占了案件的绝大部分，“洋垃圾”走私引起了习近平总书记的高度重视，司法部门将打击“洋垃圾”走私作为生态文明建设的标志性举措，最高人民法院和最高人民检察院作出司法解释，对利用他人许可证件走私限制进口废物以走私国家禁止进出口的货物、物品罪处理，海关持续开展专项行动，对查获的“洋垃圾”实行退运。2019 年国家全面禁止“洋垃圾”进口，“洋垃圾”走私案件大幅下降，利用他人许可证走私“洋垃圾”现象消失。刑事一体化思想在打私工作中的运用，在冻品走私、成品油走私、“水客”走私防范、打击中得到进一步的证明。

（这是作者 2022 年 7 月 16 日在第十四届海关法论坛走私犯罪研究分论坛上所做主题报告，论文发表在《海关法评论》第 11 卷，法律出版社 2023 年版）

走私罪的十个命题和六条规律

走私是古老的现象，可以讲有海关就有走私，公元前四世纪的古代印度政治学著作《利论》曾记载商队路过，凡有插旗的地方就得缴税，逃避缴税者，处以5倍的罚款，这可能是最早对绕关逃税走私的记载了。历史上很多学者对走私进行研究，马克思在《资本论》中论及资本的贪婪性时说："一旦有适当的利润，资本就大胆起来。如果有10%的利润，它就保证到处被使用……有300%的利润，它就敢犯任何罪行，甚至冒绞首的危险……走私和贩卖奴隶就是证明"，这里马克思深刻揭示了走私罪的经济犯罪特征。贝卡里亚1764年出版的《论犯罪和刑罚》中专门设"走私"一章，其"走私是地地道道侵犯君主的犯罪”“走私也是法律的产物”等论述至今具有生命力。

走私这一现象是否有规律可把握，可以从历史学、经济学、社会学等不同学科出发进行研究，如果从当下刑法、刑事政策、犯罪学考量，研究走私罪有没有共同性规律可以把握，对司法实践可以起到指导作用呢？以下关于走私罪的十个命题和处理走私罪的六个规律性认识，可以帮助我们做进一步思考。

一、走私罪的十个命题

第一个命题：走私罪是海关法的反命题

海关和走私是一个硬币的正方两个方面，正面是海关或海关法，反面是走私、走私罪。海关法规定海关是进出境监督管理机关，承担海关监管、征税、缉私和统计的任务，这是从正面规定的海关的职能和任务，而走私是违反海关法，逃避海关监管的行为，显然这是从反面来说海关法，或者说是对违反海关法正面规定的反面规定，因此走私、走私罪是海关法的反命题。

进一步研究我国海关法、刑法和海关国际公约特别是《内罗毕公约》的规定，不难发现走私罪有三个核心要素：（1）违反海关法规。我国海关法一共102条，涉及进出境运输工具、进出境货物、进出境物品、关税、海关事务担保、执法监督、法律责任等章节，其中法律责任中走私罪是逻辑起点，依次是走私行为和违规行为，明确了走私罪和走私，不构成走私和走私罪是违规行为。(2) 逃避海关监管。形式上说不构成走私罪、走私行为的是违规行为，但是区分走私与否的关键是看是否逃避海关监管，逃避了海关监管是走私行为或走私罪，没有逃避海关监管是违规行为，逃避海关监管是走私罪的本质特征。(3) 特定的犯罪对象。不是所有进出境的货物、物品都是走私罪的对象，只有刑法明文规定的进出境货物、物品才是走私罪的对象。国家行政主管部门和行政法规定禁止进出境货物和限制进出境货物名录，海关总署规定有禁止和限制进出境物品名录，国家进出口税则对进出口货物物品有规定。以上三个要素中，前两个要素世界各国概莫能外，第三个要素因国而已，影响因素主要是各国经济发展水平、文化传统、国家安全等大，但前两个要素足以说明走私罪是海关法的反命题。

第二个命题：走私罪侵害的是海关监管制度的法益

如果从法律关系角度进行分析，进出境海关监管涉及三层法律关系：第一层是民事法律关系，主要是国际贸易的合同关系、进出境物品所有人对物品的所有权关系，这是基础性的法律关系，正是基于这个基础性的法律关系才有货物和物品的进出境活动，才有后续的海关监管法律关系，也正因此会产生民法上诸权利和海关法上权力之间的争议问题；第二层是国家行政管理法律关系，主要是国家对禁止、限制、应税进出境货物物品进出境管理产生的行政许可、管理和应税法律关系，突出表现是关税和贸易管制，这层法律关系的背后是世界贸易组织规则，权利义务争端更多表现为国家和国家之间的贸易争端；第三层法律关系是海关监管法律关系，这是海关根据海关法对进出境货物物品实施监管产生的法律关系。

侵犯第一层法律关系是民事法律争议，通过法院判决或国际商事仲裁来解决；侵犯第二层法律关系是违法国家行政监督管理的行为，按照行政管理法律关系来解决；侵犯第三层法律关系是违反海关监管规定的行为，根据海关法来处理。而走私罪走私行为十分特殊，它侵犯的不是单纯一个法律关系，它同时侵犯第二、三层法律关系，只有同时侵犯了第二、三层法律关系，才构成走私罪、走私行为。准确地讲，走私罪侵害的法益是国家对外贸易管理制度和海关监管制度，这是理解走私的关键。

正因为走私罪侵犯的是海关监管制度的法益，我们就能理解司法解释中规定未经许可进出口国家限制进出口的货物物品按走私国家禁止进出口的货物物品罪处理，和海关法中按对象性质来区分禁止、限制和应税不同；也就能理解刑法第 155 条第 1 款第 1 项贩私的规定为什么是直接故意且第一手买卖，否则侵犯的不是海关监管制度，而是工商管理制度；也能理解走私罪未遂既遂标准是从是否逃避海关监管作为出发点来进行修正；也能理解司法解释中对走私偷逃税额的认定，低报价格案件为何要减去已缴税额，销售环节已缴增值税为何不减；超过许可证范围的进出口限制货物，为何定走私普通货物物品罪，而不是走私禁止进出口货物物品罪。

第三个命题：走私罪是以犯罪对象类型化立法的犯罪

我国刑法分则基本上是以行为方式为标准进行类型化立法，分则十类犯罪主要是以侵害的法益为标准，但也是以行为方式为标准来进行类型化立法的，具体到个罪，更是主要以行为方式为标准，以第五章侵犯财产罪为例，侵害的法益是财产，但财产罪的个罪，包括抢劫罪、盗窃罪、诈骗罪、抢夺罪、侵占罪等都是以行为方式类型化进行立法的。而我国刑法第151—153条，347条、350条是按照犯罪对象进行类型化立法确定了走私罪的12个罪名，包括走私武器弹药罪、走私核材料罪、走私假币罪、走私文物罪、走私贵重金属罪、走私珍贵动物及其制品罪、走私国家禁止进出口的货物物品罪、走私淫秽物品罪、走私普通货物物品罪、走私毒品罪、走私制毒物品罪。尽管刑法第154条对后续走私、第155条对准走私、第156条对走私共犯、第157条对武装掩护走私等走私行为做了规定，但是按照12个走私罪罪名进行定罪处罚，走私罪以类型化立法的方式没有改变。是否可以改变以对象类型化的立法方式为以行为方式类型化的立法方式呢？关键是这种改变是否涵盖了刑法要保护的海关监管制度的法益。

走私罪的对象有三个特点：（1）管控性。无论是禁止进出口货物物品、限制进出口货物物品，还是应税货物物品，都是国家对外贸易统管的范围，不是可以完全自由进出。（2）可变性。随着国家对外贸易政策的调整，走私罪的对象时刻发生变化。这不仅表现在国家关税政策的调整，税率的变化上，也表现在禁止、限制进出口的货物物品也处在时刻变化中。（3）地域性和专用性。表现为保税货物、特定减免税货物，根据国家优惠政策，只能在特定区域、特定企业使用，超过特定区域、特定企业使用，就构成走私。

由于走私罪以对象为类型化立法方式，因此司法上主要争议围绕对象展开：（1）对象性质交叉如何定性。走私 12 个个罪罪名分列是理想的立法图景，实践中对象性质发生交叉的情形不乏个例，例如具有科学价值的古人类化石、古脊椎动物化石和文物之间的交叉，具有文物价值的象牙制品和文物之间的交叉，逃证又逃税的货物既是限制进出口货物又是应税货物等。（2）对象性质发生变化如何处理。如禁止或限制的对象，随着行政法规规章改变为允许进出口；关税税率高的货物物品，因税则改变调整为税率低的，这种情形应该理解为法律变动还是事实变动？是否适用从旧兼从轻的原则呢？（3）对象中含有对象如何处理。走私对象中藏着另外的走私对象，如走私普通货物中夹藏着珍贵动物制品，这涉及刑法上的概括故意和认识错误问题。（4）特殊区域内的走私问题。随着我国先后建立 17 个自由贸易试验区，自由贸易试验区内的走私成为需要特别关注的问题。（5）对象的鉴定问题。由于走私对象有文化、动物、植物、废物、应税货物物品等，对象的性质、价值等都是司法认定中十分关键的问题。实践中，走私对象没有统一的鉴定机构，通常是相关管理部门或授权机构进行鉴定或检验结果认定，但这种鉴定或检验结果和司法鉴定的法定要求有一定差距，这也成为司法实践中争议的焦点。

第四个命题：走私罪是行政犯罪

贝卡里亚曾指出“走私罪也是法律的自身产物”，按照意大利犯罪学家加罗法洛对犯罪的分类，走私罪区别于自然犯罪，它是法定犯罪，是行政犯罪，对走私犯罪违法性的判断要通过行政法来实现。

走私罪是行政犯罪，其行政从属性特点十分突出：（1）概念上从属海关法等行政法律法规。走私犯罪认定中许多概念需要通过海关法或其他行政法律法规规章来确定，如哪些是武器、弹药，要参照《中华人民共和国进口税则》及《中华人民共和国禁止进出境物品表》的有关规定确定，什么是“古生物化石”，要按照《古生物化石保护条例》的规定予以认定。（2）空白罪状构成要件需要通过海关法等行政法律法规来补充。走私罪，是违反海关法等行政法律法规，逃避海关监管，运输、携带、邮寄国家禁止进出境货物物品、限制进出境货物物品和应税货物物品进出境，情节严重的行为。这里，什么是违反海关法等行政法律法规，以及什么是逃避海关监管、偷逃应缴税款等，需要通过海关法等行政法律法规来确定、进行补充。(3) 因海关或行政机关的许可阻却走私犯罪构成。逃避海关监管是走私犯罪的本质，假如没有逃避海关监管，换句话讲经过海关许可，当然就不成立走私犯罪，因此海关或行政机关许可行为人进出境具有阻却走私犯罪的功能。走私犯罪行政从属性特点，决定了走私犯罪在违法性上具有双重违法性，即不仅具有刑事违法性，也具有行政违法性。

和走私罪的行政法从属性相关的一个争议问题是如何理解从旧兼从轻原则，旧行为适用旧法，新行为适用刑法，如果新法轻于旧法，旧行为适用新法，这里的“法”是否包括行政法。一种观点认为新法旧法主要指刑事法律，主要理由是罪刑法定原则中的“法”是刑法，不包括行政法。如果包括行政法，就违背了罪刑法定原则，就可能破坏法治的原则。但如果是这样，又和行政犯罪从属于行政法，和宽严相济刑事政策相悖。

第五个命题：走私罪是跨境犯罪

区别于刑法分则规定的其他犯罪，走私罪是跨境犯罪。区别于境内犯罪，由于走私犯罪涉及进出境货物物品，包括属于国际贸易的进出口应税商品、需要许可证件的商品，以及进出境个人物品等，因此走私犯罪在犯罪形态上，特别是走私既遂未遂、走私共同犯罪上和其他境内犯罪有很大的不同。

以走私既遂未遂为例，如果以刑法总则规定的着手实施犯罪，但因意志以外的原因没有得逞的未遂规定来判断，走私既遂未遂应以是否逃避掉海关监管为标准，因为走私侵害的法益是海关监管制度，区分走私与否的关键也是看是否逃避海关监管，逃避掉海关监管也就意味着法益受到损害，应为走私既遂。但由于走私是跨境犯罪，所以不同于在境内犯罪，若以此为标准，那么在通关走私中，进出境海关情形下海关现场查获的都是走私未遂，没有既遂案件，显然不尽合理，所以司法解释规定，在海关监管现场被查获的，应当认定为犯罪既遂。

再以共同犯罪为例，由于国际贸易是一个完整的供应链条，涉及生产商、贸易商、物流商、仓储企业、运输企业、报关公司等，一旦走私，实际上牵扯到方方面面，如果严格按照共同犯罪理论，只要有共同故意、共同行为就是共同犯罪，都得定罪处罚，那么可能会出现参与人众多、法不责众的情形，此时有必要斩断共同犯罪链条，只对共同犯罪的组织者、策划者、主要参与者进行定罪处罚，而对一般性参与者进行行政处罚。类似的还有海上走私，如果按照共同犯罪的要件考察，受雇佣参加海上走私的一般水手、帮工、伙夫等都要按照走私共犯处理，显然这样处理社会效果并不好，在认定共同犯罪人时必须从刑事政策上有所考虑。

走私是跨境犯罪带来的另一个难题是收集证据上的困难。对于低报价格案件，涉及境内外两套发票、两套合同、两套价格，要完全做到如境内犯罪收集到完整证据不太容易，可以根据付汇渠道、资金流向、会计账册、境内外收发货人的真实交易方式，以及其他证据材料综合认定。对于走私珍贵动物制品行为，有关司法解释曾规定，如果购买地允许交易，不具有牟利目的的，一般不以犯罪论处。证据上如何证明购买地允许交易呢？在司法实践中，法官的智慧是，“没有证据证明购买地不允许交易”，可以推定购买地允许交易，这样就解决了收集证据上的难题。

第六个命题：走私罪单位犯罪突出

走私罪由于是跨境犯罪，要达到走私的目的一般单个人很难完成，所以走私罪主体通常涉及二个以上的自然人，甚至是自然人的集合，在刑法上表现为共同犯罪或单位犯罪，单位犯罪是将共同犯罪通过法人的形式人格化了。我国刑法理论很长一段时间不承认法人犯罪或单位犯罪，但随着对外开放和市场经济的建立，实践中以单位形式出现的违法犯罪日益突出，1987 年海关法第一次在法律上承认单位犯罪，单位可以成为走私罪的主体，这反映出单位犯罪在走私罪中十分突出。

如何判断是不是单位犯罪，刑法理论规定是十分明确的，就是要看是不是用单位名义、体现单位意志、为了单位利益，如果具备以上三个条件，就构成单位犯罪。但是实践中情形却十分复杂。我国从事国际贸易的主体不仅数量多，而且主体性质也比较复杂。据统计，我国注册的报关企业有 30 多万家，专门从事代理报关业务的企业有 1 万多家。按照刑法对单位的规定，这当中有法人单位的，有自然人的，也有界限模糊的，特别是随着外贸经营权放开、公司设立门槛降低，单位利益和个人利益混淆在一起，有时很难辨别。在司法实践中依然存在为实施犯罪而设立单位、对于承包是定单位还是个人、虚假出资或出资未到位是定单位还是个人、过了年检期限是定单位还是个人、被吊销执照后继续经营等争议问题。

单位犯罪另一个值得关注问题是单位犯罪直接负责的主管人员和其他直接责任人员和自然人是同等处罚还是区别对待。根据我国刑法规定，除走私普通货物物品罪外，采取同等处罚的原则，而走私普通货物物品罪采取的是区别对待的原则，这就意味着同样的犯罪情节，若定单位犯罪，直接负责的主管人员和直接责任人员最高判15 年有期徒刑，若定自然人犯罪，最高可判无期徒刑。对此有不同意见，认为走私普通货物物品罪应和其他走私个罪一样采取同等原则，刑法中逃税罪和骗取国家出口退税罪也是采取的同等原则。反对意见认为应该采取区别对待的原则，主要理由是走私普通货物物品罪是数额犯，若采同等原则，会出现罪刑不均衡，且实践中单位走私普通货物物品案件激增，和宽严相济的刑事政策明显不符。以上争议都有待认真研究。

第七个命题：走私罪各国刑事立法具有一致性

走私罪是一个世界范围内的犯罪现象，只要有国家、有海关，就有走私罪。比较世界各国对走私罪的立法，有许多一致性，这些一致性也是由于走私罪的特殊性所决定的。

一是海关法典或关税法中规定走私犯罪是绝大多数国家的立法选择。对美国、英国、加拿大、前德意志联邦共和国、法国、瑞士、西班牙、意大利、奥地利、巴西、印度、日本、韩国、泰国、苏联、罗马尼亚、阿尔巴尼亚、蒙古和我国19个国家刑法的考察，仅有美国、巴西、苏联、罗马尼亚、阿尔巴尼亚、蒙古和我国7个国家的刑法直接规定走私犯罪。在拉美国家中基本是把走私犯罪规定在海关法典中，唯有巴西是在刑法典中规定，所以乌加罗夫讲“把走私诸问题从刑法典中排除出去的趋势在巴西法律中未得到推广，此点与拉美其他各国的法律不同”。

二是走私犯罪被绝大多数国家认为是对国家有重大影响的犯罪。走私犯罪由于直接危及国家政治、经济安全，对国家影响重大，各国一般作为重大犯罪予以规定。如美国将走私罪列为联邦犯罪，不同于各州所规定的犯罪，有优先适用的权利。苏联刑法认为走私是重大的犯罪，走私的社会危害不仅在于蓄意侵犯对外贸易的国家垄断权，而且在于它在很多情况下与其他各种犯罪有着相互联系。

三是多数国家的法律对走私罪的规定有相同性。（1）走私罪是各国刑法典或关税法中违法行为最严重的一种。各国海关法或关税法一般都规定了多种违反海关法的行为，走私罪是这些违反海关法行为中最严重的一种。例如，法国海关法典第六章“处罚规定”将违反海关法的行为分为“触犯海关法规行为”和“触犯海关法规犯罪行为”两大类，前者又分为五类，后者分为三类，其中，走私犯罪列为“触犯海关法规犯罪行为”的第一类。(2) 走私罪的对象主要限于几种。各国对走私的对象一般都有限制，限于应税货物、管制货品和其他禁止或限制进出境的物品，如文物、毒品、武器等。例如，俄罗斯刑法典规定，走私对象为商品或大量物品、麻醉物品、精神药物、烈性物品、剧毒物品、有毒物品、放射性或爆炸物品、武器、爆炸装置、发火武器或弹药、核材料、化学物品、生物制品和其他各种大规模杀伤性武器，以及那些可用于制造大规模杀伤性武器并有通过俄罗斯联邦海关边界专门规则的材料和设备、有重要战略意义的原料性商品和有通过俄罗斯联邦海关边界专门规则的文化珍品等。(3) 武装走私、集团走私等是严厉打击的对象。苏联刑法规定，凡大规模，或组织起一个集团从事走私；或负责人员利用公职，以及走私爆炸物品、麻醉品、烈性毒药、武器和军事设备是刑事上得受惩罚的走私，不是作为一般走私给予行政处罚。俄罗斯刑法规定有组织的团伙走私刑罚重于一般走私。意大利海关法第 100 条指明了加重罪行的情节，包括在犯罪现场或在犯罪后马上查获违法者的武器；3 人或更多人组成的集团犯罪和对警察局的活动进行反抗；该罪行与其他旨在反对国家制度或司法机关的犯法行为有牵连等。(4) 走私未遂既遂同等处罚。由于走私犯罪涉及跨越关境，而一国海关法的管辖范围只适用于一国境内，因此对于走私行为的未遂与既遂的认定，特别是在走私出境的情况下，各过刑法或海关法都不予以区分，规定同等处罚。韩国海关法第 182 条第 2 项未遂犯罪规定，任何准备或企图从事第 179 款至第 181 款项下违法行为的人将受到同有关主犯一样的处罚。

第八个命题：走私罪立法犯罪化和刑罚量刑轻型化

犯罪化和非犯罪化、刑罚化和非刑罚化是刑事立法关注的两个视角，从刑事立法的立场观察，总体上我国走私罪立法上表现为犯罪化，刑罚上表现为量刑轻刑化的趋势和特点。走私罪立法上的犯罪化主要体现在走私罪适用范围、行为和对象的扩大上，这种犯罪化的立法趋势是通过刑法修正案、立法解释和司法解释体现的。

从刑法修正案来看，《刑法修正案（四)》将走私废物的对象从固体废物扩大到液态废物和气态废物，走私固体废物罪修改为走私废物罪；在内海、领海运输、收购、贩卖国家禁止进出口物品或限制进出口货物物品，没有合法证明的行为，空间扩大到界河、界湖；《刑法修正案（七)》将走私珍稀植物及其制品罪的对象扩到国家禁止进出口的其他货物物品，走私珍稀植物及其制品罪修改为走私国家禁止进出口货物物品罪；《刑法修正案（八)》将“蚂蚁走私”的行为入刑，规定一年内曾因走私被给予二次行政处罚后又走私的，改变了走私普通货物物品罪的定量因素，将未达到数额较大的走私行为一定条件下可以入刑。

我国刑法立法解释并不多，在《全国人民代表大会常务委员会关于〈中华人民共和国刑法〉有关文物的规定适用于具有科学价值的古脊椎动物化石、古人类化石的解释》规定，刑法有关文物的规定，适用于具有科学价值的古脊椎动物化石、古人类化石。文物，是指人类历史上遗留下来的一切有价值的遗迹或遗物，文物通常具有精神价值，全国人大常委会的解释实际上扩大了文物的范围，走私具有科学价值的古脊椎动物化石、古人类化石的行为是走私文物。

再看司法解释，2002 年最高人民法院、最高人民检察院、海关总署关于《办理走私刑事案件适用法律若干问题的意见》规定，切割汽车、来自疫区的动植物以走私普通货物物品罪处罚；关于"明知"包括应当知道的 6 种情形；利用购买的加工贸易手册、特定减免税批文等进口货物行为按照走私普通货物、物品罪处罚；在加工贸易活动中骗取海关核销，情节严重，按走私普通货物物品罪处罚；关于后续走私中"销售牟利"的理解等。2014 年最高人民法院、最高人民检察院《关于办理走私刑事案件适用法律若干问题的解释》中关于走私珍贵动物、珍稀植物，关于未经许可进出口国家限制进出口的货物物品按照走私国家禁止进出口的货物物品罪定罪处罚等。这些司法解释规定，或是扩大了走私罪的对象、或是扩大了走私罪的行为、或是对主观故意或目的进行了扩大解释。

走私罪刑罚的轻型化主要表现在全面废除死刑以及司法实践中量刑轻刑化上。《刑法修正案（八）》《刑法修正案（九）》全面了刑法分则第三章第二节“走私罪”中死刑条款，现在刑法中除保留走私毒品罪的死刑外，其他走私个罪已无死刑的刑罚规定。此外司法实践中，随着认罪认罚制度的实施，走私罪的量刑轻刑化十分明显。据统计，上海市 2018 年判决的 112 件 215 人中，判处 10 年以上有期徒刑、无期徒刑的有 12 人，仅占 5.6%，判处缓刑的有 137 人，缓刑适用率为 63.72%。

第九个命题：走私罪是“宽严相济”政策中严的对象

刑法不是一个封闭的知识体系，它必须根据犯罪形势恰当地适用到具体个案中，做到“刑新国用新典、刑平国用中典、刑乱国用重典”。因此，刑事政策是刑法的眼睛，是用政治手段解决犯罪问题，是对刑法解释的重要指导。

“宽严相济”是我国目前基本的刑事政策，它是我国惩办与宽大相结合的政策的延续。走私犯罪是“宽严相济”刑事政策严的对象，但严中有宽。

从犯罪形势上看走私犯罪的形势依然严峻，走私罪依然是严厉打击的刑事犯罪。我国改革开放以后，走私犯罪总案值、平均案值持续上升，20 世纪 90 年代一度达到高峰，1997 年刑法修改增设“走私罪”一节，1998 年成立缉私警察，走私上升势头得到遏制。近年来，走私洋垃圾、珍贵象牙等珍贵动物及其制品、走私粮食、冻品、成品油犯罪屡禁不绝。据海关统计，2019 年共立案侦办走私犯罪案件 4198 起，同比增长 16.8%；其中，涉税走私犯罪案件 2038 起，案值 781.6 亿元，偷逃税额 176.6 亿元，分别同比增长 15%、74.3%、88%；非涉税走私犯罪案件 2160 起，增长 18.7%。

从刑法立法上看，走私罪也是“严”的对象。我国刑法中单独设“走私罪”一节，7 个条款规定了十个走私个罪，这在世界各国刑法中也是十分少有的。我国刑法不仅有走私个罪，还有准走私罪，即将严格来说不是走私罪的行为也规定为走私罪，我国《刑法》第 155 条规定的直接购买数额较大的私货的贩私行为按走私罪论处，实际上把犯罪后续行为独立为走私行为看待，而在内海、领海、界河、界湖，运输、收购、贩卖国家禁止进出口物品和限制进出口货物物品，没有合法证明的行为，规定按走私罪论处，实际上是把走私预备行为按照走私实行行为对待。而且，没有合法证明的行为按照走私罪论处的规定，又在刑法规定作为的走私行为外，增加了持有型的走私行为，而持有型犯罪只有在刑法中社会危害性极大的如非法持有武器弹药罪、非法持有假币罪等犯罪中才有类似规定。

从刑罚设计上，走私罪的刑罚量刑格不低，多数在 3 年以上，按照刑法对重罪的界定，属于重罪。刑法对走私罪法定刑的规定分为（走私武器、弹药罪，走私核材料罪、走私假币罪；走私文物罪、走私贵重金属罪、走私珍贵动物罪、走私珍贵动物制品罪）7年以上、3年以上7年以下、5年以上、5年以下、无期徒刑；（走私珍稀植物、珍稀植物制品罪）5年以上、5年以下；（走私淫秽物品罪）3年以上10年以下、10年以上、无期徒刑、3年以下、拘役、管制；（走私普通货物、物品罪）10年以上、无期徒刑、3年以上10年以下、3年以下、拘役；（走私毒品罪）15年有期徒刑、无期徒刑或者死刑、7年以上有期徒刑、3年以下有期徒刑、拘役或者管制、3年以上7年以下有期徒刑。

走私罪也体现在严中有宽，“宽”集中表现在对于那些主观上不具有牟利目的的，出于爱好或收藏而走私特定对象，数量不大或情节不严重的，不按犯罪处理。如走私珍贵动物制品罪中，不以牟利为目的，为留作纪念而走私珍贵动物制品进境，数额不满10万元的，可以免予刑事处罚；情节显著轻微的，不作为犯罪处理。

第十个命题：走私罪在犯罪学上是有规律的犯罪现象

犯罪学是研究犯罪原因的科学，犯罪学在犯罪原因的把握上将所有导致犯罪的因素区分为根源、原因、相关因素、条件，并因此研究犯罪的生成机制，由此提出预防犯罪的策略。用犯罪学理论去分析和把握走私罪，有规律可循。

一是经济发展水平的差距是走私罪产生的经济根源，经济发展同时为彻底消除走私犯罪创造条件。走私罪是发生在国内和国外两个市场之间的经济流通环节的经济犯罪，各国间经济发展水平的差异给走私犯罪创造了经济条件，只要有国内和国际两个市场差异的存在，走私就会在一定范围内存在。但我们也应看到，随着一国经济发展水平的不断提高，生产力的发展，人民物质和文化需求的逐步满足，综合国力的不断增强，国内和国外市场经济差异的缩小，反过来为减少走私犯罪创造了经济条件。同时，经济的发展也为打击走私提供了更好的物质准备和精神准备，表现在直接充实缉私力量和装备，以及普通民众法律意识和素质的提高，这些都为走私犯罪的预防提供了条件。

二是走私罪原因的多层次性和复杂性，决定了走私罪预防的适度性。意大利犯罪学家菲利曾提出著名的“犯罪饱和理论”，认为任何一种犯罪行为乃至整个社会的犯罪现象都是由人类学因素、自然因素和社会因素所造成的，这三种因素又是不断变化的，这些因素的变化将引起犯罪现象的变化。因此，“犯罪也有年终平衡，其增多与减少，比国民经济的收支还有规律性”，每个国家始终都存在一定数量和一定种类的犯罪，犯罪始终都处于与其原因相适应的饱和状态。走私罪是由社会、自然和人类自身等几方面因素所决定的，在这些导致走私犯罪的因素中，有很多因素，例如经济根源，是在一定的时期中很难消除的，甚至会长期存在下去，这就决定了走私犯罪在一定的时期内会长期存在。因此，寄希望于国家通过强制手段控制在短时间内彻底消灭走私罪现象在目前是不现实的。因此，保持适度的社会控制，通过条件预防，将走私犯罪控制在一定的警戒范围以内，就应该是成功的犯罪预防。

三是走私罪的预防是一个结构和价值整合的过程。走私罪是经济发展过程中出现的犯罪样态，走私罪的危害主要表现在损害国家主权和尊严、危害国家安全；影响国家税收；破坏市场经济秩序、严重威胁民族工业的生存和发展；腐蚀人们的思想、败坏社会风气、诱发犯罪等。走私罪使处于经济转型过程中社会结构和价值结构发生混乱，加剧了社会的失范状态，不利于社会的重构和发展。走私罪的预防，实际上是一个围绕进出口环节而展开的市场经济结构和价值整合的过程，它通过机构的改革，组建缉私力量，整顿市场经济秩序，重新调整国家利益、部门利益和地方利益格局。通过严厉打击走私犯罪活动，进行舆论宣传和教育，在老百姓中重新树立正确价值观，适应市场经济发展所要求的道德价值需要。

四是成本收益的经济分析方法是走私罪预防的重要指导思想。走私罪是直接逃避海关监管、偷逃税的行为，由于走私的专业性，打击走私需要设立专门的缉私机构，而这又是需要国家投入，其投入产出比较分析的经济特性十分明显。有研究认为，当走私者的被查获率和处罚成本足够大时，大到边际走私成本等于边际走私收益时，走私规模处于均衡点。只有政府的边际打私成本低于边际打私收益时，政府加大打私投入才是有益的。当边际打私成本等于边际打私收益时，政府的打击走私力度处于最佳均衡点上，这时打私能获得最大的收益。

二、处理走私罪的六条规律

第一条规律：坚持“宽严相济”的刑事政策

“宽严相济”是我国基本的刑事政策，对打击刑事犯罪和认定处理犯罪具有指导意义。刑法不是封闭的理论体系，走私犯罪的认定处理也应接受“宽严刑事”刑事政策的指导，帮助正确定罪处罚。实践中，可以分别从社会危害性、人身危险性、走私犯罪对象上把握“严”，从主观目的上把握“宽”，做到宽以严济、严以济宽、宽严相济。

第二条规律：坚持罪刑法定原则下对走私罪空白构成要件的理解

走私犯罪系行政犯罪，其犯罪构成由行政法律规范来填充，不能因为刑法或司法解释没有规定就认为法无明文规定不能定罪处罚，而应看到行政法律法规也是“法”无明文规定的重要来源，行政犯罪首先是行政违法，才是刑事违法，这符合罪刑法定原则的含义，因此完善行政法律法规是走私犯罪立法完善的一个重要方面。

第三条规律：坚持罪刑均衡原则

这既包括走私个罪与个罪之间的均衡，也包括自然人走私犯罪和法人单位走私犯罪之间的均衡，还包括走私罪与相关犯罪之间的均衡，如走私普通货物物品罪与逃税犯罪、骗取出口退税犯罪之间的均衡；不仅包括立法上的均衡，还包括司法上的均衡。

第四条规律：坚持实质解释论立场

实质刑法观和形式刑法观是两种不同的刑法立场，但在刑法基本原则的前提上是一致的，只是对刑法做出了不同的解释。从司法实践来看，要让“法律不是嘲笑的对象”，就应坚持实质解释论立场，这也是在走私犯罪具体适用法律时应坚持的立场。

第五条规律：从对走私行为的实质来把握

走私的本质是逃避海关监管，是否逃避海关监管是区分走私与否的关键。由于走私逃避海关监管，而海关是进出境的监督管理机关，因此走私系跨境犯罪这一特征在适用刑法总则特别是犯罪形态时应和境内犯罪有所区别。

第六条规律：从市场经济活动规律来区分罪与非罪

市场经济活动有自身规律，特别是我国开放型经济体制的构建过程中，对外贸易活动有许多改革创新，包括设立自由贸易试验区先行先试，海关特殊监管区优化整合，加工贸易制度的改革、外贸综合改革、发展跨境电商等，对于这些领域出现的和现有海关监管制度相冲突的问题，应坚持刑法的谦抑性，尊重市场经济活动的规律，否则效果会适得其反，破坏市场经济活动。

（这是作者2020年1月10日在南京森林警察学院所做学术报告，论文发表在《上海法学研究》集刊2020年第6卷，总第30卷）

第三篇

理性之法

致敬未来海关法研究

——密涅瓦的猫头鹰总在黄昏之后起飞

自2007年12月上海海关学院海关法研究中心成立以来，由该中心主办的，以倡导海关法律实践为基础的，以促进海关法学学科建设与学术成长为目标的、综合性的海关法学研究模式的海关法论坛已经成功举办十二届。由上海海关学院海关法研究中心主办的，在论坛交流成果的基础上遴选结集所形成的，面向国内外公开发行的年度性海关法学类专业学术出版物《海关法评论》，至今已经连续出版了9卷，并于2013年4月被纳入中国知网中国学术辑刊全文数据库。

2016年12月10日，经上海市法学会批复同意，上海市法学会海关法研究会及理事会在上海成立。上海市法学会海关法研究会在上海市法学会领导下，以中国特色社会主义理论体系为指导，坚持与发展马克思主义法学，通过组织海关法领域的专业研究与学术交流，加强海关法理论与实务的融合和海关法研究成果的及时转化，搭建国内外海关法学者研究合作与学术交流的平台，促进海关法国际与国内相关研究的结合、促进海关法研究团体的形成和海关法研究能力的全面提升，为我国海关法治的建设作出贡献。海关法学术研究进入一个新的发展阶段。

2019 年 12 月 14 日，由上海市法学会海关法研究会和上海海关学院海关法研究中心共同主办的“上海市法学会海关法研究会 2019 年年会暨第十二届海关法论坛”在上海海关学院举行。本次研讨会包括了两个论坛——年会主论坛和走私犯罪研究分论坛。年会主论坛包括四个单元，走私犯罪研究分论坛包括两个单元。来自海关总署政法司、全国反走私综合治理调查研究中心、北京海关、天津海关、呼和浩特海关、大连海关、上海海关、南京海关、杭州海关、宁波海关、合肥海关、厦门海关、青岛海关、济南海关、武汉海关、广州海关、西安海关、中国海关管理干部学院、上海市第三中级人民法院、上海市人民检察院第三分院（铁检分院）、温州市人民检察院、国家税务总局西安市税务局、张江高校派出所、复旦大学法学院、武汉大学法学院、同济大学法学院、南开大学法学院、上海海事大学法学院、大连海事大学法学院、香港城市大学法学院、南京森林警察学院、山东政法学院、山东交通学院、山东女子学院、上海环球律师事务所、北京德和衡律师事务所、广东君厚律师事务所、上海兰迪（深圳）律师事务所、中伦律师事务所、上海君澜律师事务所、Crowell Moring LLP、上海峰京律师事务所、国浩律师（南京）事务所、北京金杜律师事务所上海分所、上海市汇业律师事务所和上海海关学院的 120 多名相关专业人士参加了本次研讨。本卷（第 10 卷）是在第十二届海关法论坛成果基础上出版的。

海关法论坛已经走过 13 个年头，回顾这 13 个年头，无论是论文的数量，参与的作者人数和来源广度，还是论坛的主题范围都有了很大的增长和进步，连负责论坛文集印刷的打印社小哥都说文集的厚度一年超过一年，“打印指数”的增长曲线，也从一个侧面反映了海关法论坛的欣欣向荣。

在海关法研究一片繁荣的背后，其实我一直有深深的忧虑。论坛的主题是否回应了这个时代海关法关注的主题，论坛的问题是否切中了要害，我们给出的答案是正确的还是不那么准确，会不会误导大家？论坛如何能避免自娱自乐？我们在海关法研究领域的探索，是否会像拉德布鲁赫所说的那样，“立法者的三句话，一切都成为废纸”呢？如果是这样，我们现在的研究还有什么意义？

一、海关法学能否成为一门法律科学？

法学是不是一门科学，是一个问题。我记得20世纪90年代《北大法律评论》创刊号上的首篇文章就是“法学是一门科学吗？”，这对于一个接受了系统法学教育的人来说简直就是要取你性命的问题。如果法学不是科学，难道我们接受的大学法学教育、研究生法学教育是非科学，甚至伪科学不成。如果是这样，我们从事法律工作，还有什么意义呢？这对于一个胸怀法治理想、法律浪漫主义思想的青年人来说是不是很残酷？

如果我们冷静想一想，法学是不是一门科学，确实是一个问题。所谓科学，是在近代以来科学革命以后发生的事情，肇始于自然科学。牛顿的三大定律揭示了自然的秘密，自然界的一切都可以在数学公式里得到证明，这之前的人类历史由不确定变成确定的了，数学、物理学、化学等自然科学由此发达，科学与否的标准就是是否可以实验、可以证伪，猜想与反驳。由此反复演进，推动人类进入科学时代。

反观社会科学，特别是法学，自然科学的科学标准在这里是失效的。因为法学不能实验，也不能证伪，特别是因为事实和价值的二元划界，事实可以归一，而价值永远是大于一，所谓“一千个人眼里有一千个哈姆雷特”（There are a thousand Hamlets in a thousand people's eyes）。如果对于一个法律争议，一千个人有一千个观点，没有确定性，这还是科学吗？

康德在《纯粹理性批判》中揭示了知识的来源，他告诉我们，经验不能形成知识，因为我们不能把所有的经验来过一遍，正像你看见的所有天鹅是白的，你也不能断言“天鹅是白的”，没准明天你就看见一只黑色的天鹅。我们对海关行政复议、行政诉讼的案件进行统计实证分析也只能截取一个时间段进行统计，我们对跨境电商走私犯罪利用中国裁判文书网进行分析，也只能就网上的上传文书进行实证统计，我们对逃避商检罪个案的分析，甚至是一个案件的分析，这能保证我们的结论是科学的吗？

康德告诉我们，经验归纳不能形成知识，演绎推理也不能，因为结论早已藏在大前提和小前提中，就像“人会死的”的这个结论，早就规定在了“人”的前提概念中。当我们在讨论《海关法》与《生物安全法》和《出口管制法》之间的关系时，当我们在讨论走私罪和关联犯罪之间的法律竞合关系时，实际上这些答案统统都藏在了这些法律规定中了，不需要法律实践，甚至根本不需要发生实际案例，也能推理出这些结论。如果是这样，这还是新知识吗？

当一些知识大咖对自由贸易试验区、WTO、RCEP等评头论足时，我很好奇，在没有实际经验的前提下，他的知识是从何而来的？如果是从演绎获得的，那不过是在重复亚里士多德的三段论逻辑，这和做算术题又有何区别？如果不是，莫非是康德所讲的“先验”？

二、如何避免海关法成为被“嘲笑”的对象？

我们在海关法研究时，经常会对现行海关法指手画脚，数落她的种种不是，并提出要完善海关法的许许多多建议，不一而足。海关法在我们眼里是一个可以任意打扮的洋娃娃，我们可以给她穿上花衣服，也可以给她配上格子裙，还可以给她画上浓眉毛。总之，她可以随我们摆布，任我们装饰。

如果一个法律可以任意摆弄，那就变成了可以“嘲笑”的对象，那么对法律的尊重到哪里去了呢？伯尔曼在《法律与宗教》中有一句至理名言：“法律必须被信仰，否则它就形同虚设。”海关法要避免成为被“嘲笑”的对象，人们就必须尊重海关法，海关法必须被放在高处，被仰望，不能被随意评头论足，否则就真的是形同虚设。

三、我们可能的贡献是什么？

第一，保有问题意识。“理论是灰色的，生命之树常青。”海关法论坛之所以有生命力，关键在于所有问题源于实践，源于海关实践，源于司法实践，这些才是最有生命力的东西，是真正宝贵的地方，海关法论坛应该保持这种问题意识。

第二，构建知识体系。既然我们是研究会，就应该发挥学院派作用，构建知识体系。要源于实践又高于实践，构建国内海关法和国际海关法的完整的知识体系。这个知识体系的底层是国际贸易法律体系，中间层是国家对国际贸易的管控法律体系，表层是国际海关法和国内海关法。有了这个完整的知识体系，我们就可以在这个知识体系里，梳理出脉络，回答实践中的问题。

第三，建立发达的海关法律解释学。要避免海关法成为被“嘲笑”的对象，必须建立发达的海关法律解释学，这样才能将海关法学真正建设成为一门科学。如果我们有一本海关法研究的《法学方法论》和发达的海关法解释方法，我们就能像自然科学一样，通过数学公式获得一致而确定性的结论，类似绕关走私中偷逃税认定是按照优惠原产地还是按照非优惠原产地计税就不再会是问题。

黑格尔曾有句名言："密涅瓦的猫头鹰总在黄昏之后起飞。"在黑格尔看来，哲学就像密涅瓦的猫头鹰一样，它不是在旭日东升的时候在蓝天里翱翔，而是在薄暮降临的时候才悄然起飞。海关法学要成为一门法律科学，也应该像密涅瓦的猫头鹰，经过理性的反思，在黄昏之后起飞。

向未来海关法研究致敬！

（这是作者2020年12月5日在第十三届海关法论坛上的总结发言稿）

密涅瓦的猫头鹰应该这样再次起飞

——写在 2021 年第十四届海关法论坛征文之际

又到了一年中举办各种学术年会的高峰季节，海关法论坛也是一样，即将迎来海关法律人一年一度的学术嘉年华。

今年的海关法学术嘉年华将延续主论坛和分论坛，主论坛以某一个海关法研究热点问题作为主题，开放式进行；分论坛依然以走私犯罪研究为主题，定向邀请公、检、法和高校、研究机构学者专家参加。尽管受到新冠肺炎疫情的影响，但以线上线下模式开展的论坛活动想必还会热闹地进行，来自上海乃至全国各地的海关法律学者专家应该会一如往昔地踊跃参加，争相发言，参会的论文数量也一定不会输给往年。这种热闹的学术场景是我喜于见到的，因为只有百花争艳，春天方能真正来到。

但是，如何能保持海关法论坛的学术性和进步性，避免只是简单地用“圆满”“成功”等词汇来形容论坛的举办，特别是若干年后回顾起来，论坛不是简单的论文汇编，也不是参与者的自说自话，更不是达人们的学术秀呢？

在第十三届海关法论坛闭幕时我讲到，海关法学要成为一门法律科学，应该像密涅瓦的猫头鹰一样，经过理性的反思，在黄昏之后起飞。是的，海关法论坛需要理性的反思和精神的指引，唯有如此，海关法论坛才能摆脱幼稚，走向成熟。如果说2007年它的第一次起飞是为了搭建海关法的学术平台，出版海关法学术著作，号召海关法律人的话，那么2021年它的第二次起飞应该是为了实现海关法的法典化，促进海关法的体系化和科学化，形成真正的海关法律共同体。

一、为什么要实现海关法法典化

人类法律进化的历史，从法律形体上看就是从单行的法律文本走向法典化的历史。日本近代著名法学家穗积陈重在其经典之作《法典论》中区分法律有实质和形体两种元素，并说法律是否实现国家利益，促进人民幸福，这是法律的实质问题。法律条文是否简明正确，是否让国民容易知其权利义务，这是法律的形体问题。他形象地比喻，有实质美而不具形体的法律，是“多病的才子”；形体完备而不善良的法律，是“妖娆的毒妇”；实质、形体皆不具备的法律，是“不具的痴汉”。法典化的历史，实际上就是人类追求法律实质和形体统一，达到法律“神”“形”一致，实现法律“真”“善”“美”的历史。

法典编纂属于法律的形体，是指立法者按照一定程序，运用一定的立法技术，在整理、改造和完善现有规范性法律文件的基础上，以法典为立法目的的立法活动。拉丁文中的“法典”（*codex*）一词最初是“书”（*libro*）的意思，是指用羊皮纸折叠起来缝制的书。罗马法时期，开始重视法典编纂，最有名的当属《查士丁尼法典》《学说编纂》《法学阶梯》三部编纂成果，源于《学说编纂》的“潘德克顿”编纂体例更是成为后来《民法典》编纂的主要方法。从 18 世纪末开始三次民法典编纂浪潮，诞生了著名的《法国民法典》《德国民法典》，影响至今。

我国 2015 年 3 月启动《民法典》编纂工作，2020 年 5 月全国人大通过《民法典》。2020 年 11 月习近平总书记在中央全面依法治国工作会议上说：“民法典为其他领域立法法典化提供了很好的范例，要总结编纂民法典的经验，适时推动条件成熟的立法领域法典编纂工作。”这实际上提示我们，法典化的过程实际上是一个国家及其立法走向成熟的过程，我国“两个一百年”建设需要更多像《民法典》一样的法典编纂及立法。

我们提出海关法的法典化，是因为海关法是国家实现更高水平开放的重要法律，立足新发展阶段，贯彻新发展理念，构建新发展格局，特别是自由贸易港、一带一路建设、口岸开放等，须臾离不开海关法，一部统一的海关法典有助于实现更高水平的对外开放；我们提出海关法的法典化，是因为海关是中央事权，海关法是一国关境统一适用的法律，随着我国自由贸易试验区的设立，自由贸易港的立法，将出现更多的海关特别法，一部“统一策略的法典编纂”——海关法典就显得尤为重要；我们提出海关法的法典化，是因为随着国家机构改革，检验检疫职责和队伍划入海关，海关的内涵外延发生了重大变化，海关法已从过去对货物、物品、运输工具实行进出境监督管理的法律扩展到国境卫生检疫、进出境动植物检疫、进出口商品检验、进出口食品安全检验等领域，海关法领域的扩大和相关立法的分散性特点，需要一部统一的海关法典。

二、海关法的法典化意味着什么

海关法的法典化意味着海关法的体系化。海关法的法典化是将分散的、零碎的海关法律规定，通过一定的方法将其体系化，形成内在一致的逻辑知识体系。这种知识体系对照和关切海关法律实践活动，并将这些活动囊括其中，能给予实践的指导和说明，犹如牛顿三大定律对物理世界的解释和说明一样。卡尔·拉伦茨曾将民法体系分为内在体系和外在体系，内在体系是指渗透在具体概念和制定之中的法律思想体系，外在体系是指法律的概念、规范和制度体系。内在体系最有名的代表就是德国的“潘德克顿式”体系方法，将知识进行分门别类会后采取总分式的结构，即所谓提取公因式的方法，编纂民法总则，将民法制度归入其中，关照大千世界形形色色的民法问题，以不变应万变。海关法的法典化也应该有自己的“潘德克顿式”体系方法，有了这种体系化的方法，就能将分散的海关法律法规归于统一的逻辑体系之下，回答实践中的各种海关法律问题。

海关法的法典化意味着海关法的科学化。康德曾说，法学是一部有关公正的科学。该“公正的科学所研究的对象，是由立法机构公布的一切法律的原则……所以，公正的科学指的是一个自然公正原则哲理的且有系统的知识，从事实际工作的法学家或立法者必须从这一门科学中推演出全部实在法的不可改变的原则”。海关法的法典化将极大地促进海关法科学化发展，海关法的法典化通过对法律法规整理、编订和纂修，必将极大促进对法条本身实质性和形式性的法理解释，其后果将是直接催生海关法解释学，使海关法成为一门真正的关注“不可改变的原则”的法律科学。唯有海关法解释学，才能使海关法学成为真正的科学，成为一部“公正的科学”。

海关法的法典化还意味着海关法的现代化。海关法的法典化不是立法者的独白，而是集中立法者、司法者、法律工作者和学者的智慧于立法之中相互对话的过程，这种对话和沟通，必将进一步推动海关法律共同体的形成。唯有法律共同体的形成，立法和法律教化的良性循环，才能实现真正的法治。著名的罗马法《查士丁尼法典》《学说编纂》《法学阶梯》三部编纂成果中，《法学阶梯》就是由查士丁尼组建的三人委员会（其中两人是法学教授）编写的法学著作，只有编写完《法学阶梯》，查士丁尼才认为法律编纂工作最终完成。当海关法典编纂完成之际，也应该是海关法学的《法学阶梯》出版之时，海关法学的发达必将促进海关法治的现代化。

三、海关法法典化需要面对的问题

要实现海关法的法典化，逃脱不了法典编纂的一般规律。穗积陈重在《法典论》中总结了法典编纂的基本要素和基本问题，对海关法法典化依然具有启发意义。举其要者，海关法法典化需要面对的主要问题有：

海关法法典化的范围。“法典包含法律之全体”，一部理想的法典应该涵盖该部门法律的全部，是该部门法律的集大成者，国民阅读该法典即可知晓其全部权利义务。反对者认为，法典包含法律之全部的思想过于理想化，法典一经制定，就不易变更。若依据形势变化频繁修改法典，则必将破坏法典之秩序，单行法不可避免。因此，海关法法典化从大的方面来讲，要面对“法典化”和“去法典化”这两种思潮之斗争；从小的方面也必须面对海关法律法规的范围、海关法典的稳定与对外经济活动之流变的关系、海关法典之简明扼要与进出境监督活动之细致和琐碎的关系等。

海关法法典化的主义。法典之主义，是指法典的基本立场，“在编纂之际，在尚不能确定法典主义，且无贯通全典之脉络的，则定会彼此自相矛盾”。刑法典中“罪刑法定”“罪刑相适应”之原则和主张，不仅是刑法之特有，而且贯穿于刑法始终，《刑法》

总则和分则之具体规定，都是其基本原则的展开。《民法典》中平等、自愿、公平、诚信、守法和公序良俗等基本原则，也发挥着同等作用。海关法法典化有无主义，主义和基本主张是什么，这些主义和主张如何能够贯穿于海关法的全过程，这都是值得我们深入研究的问题。

海关法法典化的本位。法典以权利为标准对法律规范进行排列，义务与之对应，是为权利本位之法典；与之相反，为义务本位之法典；法典某些部分以权利为本，某些部分以义务为本，则为复本位的法典；若以法律行为为标准，则为行为本位的法典。我国《民法典》编纂过程中，民法学界关于是否一定要制定“潘德克顿式”的民法总则，以及如何对待法律行为的探讨，还有所谓“意思表示说”“民事权利说”“法律关系说”的讨论，都关系到法典化的本位问题。海关法主要属性是行政法，法典化过程中，是以行政行为为本位，还是以海关权力为本位，抑或以海关管理相对人权利为本位。本位不同，得出的是不同形体的海关法典，因此需要认真对待。

海关法法典化的文体。法典的文字用语应精确，避免含混不清，留下自由裁量空间；法典文字用语应平易、简明，使多数人能够理解，避免生僻晦涩，不能成为执法者或学者的垄断用语，因为这既不符合现代法制的要求，也为擅权留下了可能。因此，边沁将法律的文辞比作宝玉，法典的价值取决于其文章用语。海关法是专业性的法律，专业性的法律避不开专业术语和专业性的表达，但这种表达必须为专业性人士所理解和接受。倘若海关法法典化的文体阳春白雪，专业性表达超过了海关法律共同体的认知，这不是完美的海关法典，一个不恰当的比喻，乃周敦颐在《爱莲说》所描绘的“莲之出淤泥而不染”“可远观而不可亵玩焉”。

四、海关法法典化的基本思路和步骤

海关法的法典化是一个浩大的法治工程，更是海关法治现代化的路线图。这样一个工程如何设计、如何实地测量、如何安排建造的先后顺序、如何具体施工、如何监理，每一步都关系到工程质量之优劣，法典之好坏。

我国《民法典》编纂着手之际，就将编纂《民法典》界定为不是制定全新的民事法律，也不是简单的法律汇编，而是对现行的民事法律规范进行编订纂修，对已经不适应现实情况的规定进行修改完善，对经济社会生活中出现的新情况、新问题作出有针对性的新规定。因此，我国《民法典》的编纂采取了“两步走”的步骤：第一步，制定民法总则，作为《民法典》的总则编；第二步，编纂《民法典》各分编，再与民法总则合并为一部完整的

《民法典》。

海关法的法典化可以充分借鉴《民法典》编纂的思路和步骤，将海关法法典化的基本思路界定为编订纂修式性质的法典编纂，即不是起草一部崭新的海关法典，也不是对现行海关法律法规的汇编，是基于现行海关法律法规体系的整合，是介于起草和汇编之间的立法活动。

这样一个基本思路符合目前我国海关法律法规的现状。我国海关法律领域立法有《海关法》《国境卫生检疫法》《进出境动植物检疫法》《进出口商品检验法》《食品安全法》等主要法律法规。这些法律大体上适应海关法律实践活动的需要，但也确实需要修改一些不相适应和矛盾冲突的条款，因此采用“汇编＋纂修”的方式，是符合我国海关法律现状的最优方式；这样一个基本思路也维持了现有海关法律体系的稳定性和连续性，不至于制定一部崭新的海关法典打乱现有的法律体系框架，使海关法律实践活动无从适应，造成海关法律的动荡和不安；这样一个基本思路也能在短时间内实现海关法的法典化，将海关法治的现代化提高到一个新的水平，将海关法律制度创新和变革通过渐进的方式在未来逐步加以实现。

海关法法典化的步骤更可以复制《民法典》的编纂步骤：第一步，制定海关法总则，作为未来海关法典的总则编；第二步，编纂海关法典各分编，及纂修现行《海关法》《国境卫生检疫法》

《进出境动植物检疫法》《进出口商品检验法》《食品安全法》，与海关法总则合并为一部完整的海关法典。当然，这里最困难的当是如何编纂一部海关法典总则编，其要害是找到海关法典编纂的“潘德克顿式”方法，这也是对海关法法典化的最大挑战。鉴于海关法非民法浩如烟海，海关法典编纂上可以分两步草拟海关法典，而在法典立法环节两步并一步，省去颁布海关法典总则的步骤，直接颁布统一的海关法典。

密涅瓦的猫头鹰之所以在黄昏起飞，是因为只有在黄昏以后起飞才可以看见整个白天所发生的一切，才可以追寻其他鸟儿自由翱翔的足迹。

海关法学要成为一门法律科学，也应该像密涅瓦的猫头鹰一样，经过理性的反思，在黄昏以后，悄然起飞。

（这是作者为2021年上海市法学会海关法研究会年会暨第十四届海关法论坛征文写的寄语）

海关法学应成为一门确定性的科学

疫情下的这个冬季比以往更为寒冷，不仅是因为北方来的冷空气十分凶悍，这几天小岛的温度骤降到零下十度，而且自十月以来断断续续的封控不知何时是个头，有家不知何时回的难过，不仅仅是一个人的“痛”。

这样一种生存状态，用一个学术时髦词语表达，没有比“乌卡时代”更恰当的了。“乌卡时代”（VUCA）取了四个英文单词的首写字母，即易变性（Volatility），不确定性（Uncertainty），复杂性（Complexity）及模糊性（Ambiguity），来表达当前这样一个不确定的时间坐标段。

我把这个词也用在了今年的海关法论坛主题上，想用它表达论坛旨在以法治思维指导当下不确定性的国际贸易环境和进出境活动，试图于易变中找寻不变、不确定中找寻确定、复杂中找寻规律、模糊中找寻清晰。这样一个主题设计，一方面契合了当下的急剧变化的国际经贸环境，希望从混乱复杂中试图看清未来；另一方面也暗合了海关法学自身发展的历史逻辑和命题，即海关法学应成为一门确定性的科学。

一、“流沙”不是科学

海边的孩子四季都喜欢玩沙，尤其是在夏天。如果你盛夏来到小岛金梦海湾，你会看到男孩女孩穿着五彩斑斓的游泳衣，携带着专门的挖沙工具，或黄色、或绿色、或粉红的塑料桶、塑料铲，来到离海水较近的海滩，找一块沙地，就开始用铲子往深处挖，开始筑梦自己的海上世界。

小岛的沙子十分细腻，没有一丁点扎脚的石子，这是老天赐予的。据说有周边沿海城市的小伙伴来到小岛，发现小岛沙子实在好，花大力气将金黄黄的细沙运到这些城市，改善当地海滩沙子的质量，可没过多久，就发现这些细沙仿佛自己长了脚，随着海洋的运动，又回到小岛的家，自然就是这样神奇。

孩子是挖沙、筑沙的高手。平坦的沙滩，在孩子手里，一会儿就有模有样，或者变成了堡垒，或者变成了赛车，或者变成了米老鼠、唐老鸭……孩子们玩沙，也玩海，不仅用海水来搅拌沙子，变成沙泥，用来造型，而且还将海水引到造型中，变成大江大河，变成了河谷山川。

令我叹息的是，孩子们筑沙，还毁沙。好端端一个费尽心血筑起的城堡，孩子却拎起一桶海水，泼洒上去，貌似坚不可摧的城池瞬间化为乌有，孩子脸上却露出开心和快乐。转过头，又拿起铲子，重新筑沙，筑了毁，毁了筑。

看着孩子们筑沙、毁沙，我想起了每年的海关法论坛，我们年复一年举办论坛，重复着海关法同样的论题和讨论，是不是也在重复筑沙，这样重复的意义何在呢？

偶然，读到科学家解释孩子为什么喜欢玩沙，那是因为沙不成形，孩子手不断筑沙、毁沙间，感受到外在事物的不断变化，用哲学语言表达，就是主体在不断认识客体，同时在改造着客体。这种改造着客体的过程，也是孩子主体意识和大脑成长的过程。

孩子究竟是孩子，孩子意味着成长、意味着不成熟。在儿童这个年龄段可以一直这样筑沙、毁沙，但过了这个年龄段，恐怕就不行了。十年后这样、二十年后这样，恐怕会被人笑话是“老顽童”。精神需要独立，更需要成年，“流沙”不是确定性的科学。

二、社会科学的两种研究方法

流沙如何能凝固下来，牢牢握在手里，一段时间变成永恒，一门学科如何能成为确定性的科学呢？我想到了马克思对政治经济学的研究过程。

马克思最早学习法学，但他的兴趣在哲学，因此他说他把法学作为哲学的辅助学科来学习。马克思哲学博士毕业后，来到《莱茵报》做编辑，他首先遇到“理性的法”和物质利益的矛盾问题，而这是他年轻时青年黑格尔派的哲学立场解决不了的。于是他开始对黑格尔法哲学进行批判，他得出的结论是，法的关系不能从本身来理解，也不能从人类精神的一般发展来理解，它根源于物质生活关系，或按照黑格尔的概括叫“市民社会”，马克思进一步认为，对市民社会的解剖应该到政治经济学中去寻求，由此，马克思从哲学转向政治经济学，转向《资本论》的研究。

政治经济学应该如何开展研究？马克思在《〈政治经济学批判〉序言·导言》阐述了政治经济学研究的科学方法。他指出，对政治经济学的研究存在着两条道路，一条道路是从具体到抽象的道路，这是经济学在它产生初期在历史上走过的道路，17 世纪的威廉·配第等就是“从生动的整体，从人口、民族、若干国家等等开始，但是他们最后总是从分析中找出一些有决定意义的抽象的一般的关系，如分工、货币、价值等等”。一旦这些要素被确定下来和抽象出来，经济学体系便开始以第二条道路展开，即从抽象的范畴如劳动、分工、需要、交换价值上升到国家、国际交换和世界市场等具体的东西。

马克思认为后一种方法才是科学上正确的方法。“具体之所以具体，因为它是许多规定的综合，因而是多样性的统一，因此它在思维中表现为综合的过程，表现为结果，而不是表现为起点，虽然它是现实的起点，因而也是直观和表象的起点。在第一条道路上，完整的表象蒸发为抽象的规定；在第二条道路上，抽象的规定在思维形成中导致具体的再现。”

从具体到抽象的道路，再从抽象到具体的道路，前者是从客观到主观，后者从主观再到客观，但这时的客观已是经过主观的洗礼，上升到综合的主观支配下的客观，这时候的主观认识实现了一种包含客观的综合的改变，这才是马克思所讲的科学方法。马克思也正是这样开始对政治经济学批判，对商品、货币、资本进行显微镜式的研究，在这个思维运动的过程中，从具体到抽象，再从抽象到具体的连接点是“范畴”，唯有对“范畴”的抽象，才能实现从主观到客观的过程，才能深入事物的内部，把握其精神内核，这时才会形成真正的科学。

三、寻找法学第二条道路的科学方法

对法这一现象进行研究的法律科学——法学，有没有马克思所讲的第二条道路的科学方法，答案显然是有的，刑法学就是一个生动的例子。

刑法要解决的是定罪和量刑这两个核心问题，如何定罪，这个是从人类产生以后，有了犯罪这个社会现象以后就面临的问题。显然刑法学一开始走的是第一条道路，即从具体到抽象的道路。据考证关于犯罪构成要件的概念是从中世纪的纠问程序中产生，当时为了证明有罪，必须向法庭提供证明犯罪的证据，而这些证据就必须围绕犯罪的构成要件去收集，因此产生了所谓“犯罪构成要件”的概念，包括犯罪人、犯罪故意、犯罪过失、犯罪行为、犯罪对象、因果关系、犯罪结果等。显然，这些概念是从成百上千的案件事实中，由大脑直观后经过知性抽象出来的概念，也就是马克思所讲的“完整的表象蒸发为抽象的规定”。但仅有这一步是不够的，因为“具体之所以具体，因为它是许多规定的综合，因而是多样性的统一，因此它在思维中表现为综合的过程”，所以还需要将这些概念综合的过程，即上升到范畴，在刑法学中就是“犯罪构成要件”，并将犯罪故意、过失、行为、因果关系、结果等归在它的下面，形成刑法学的知识体系，这时候刑法学就开始要成为科学了，刑法学接着开始第二条道路，用“犯罪构成要件”去把握具体的犯罪事实，这时候的犯罪事实就不再是感性杂多的经验材料，而是主观支配下、“犯罪构成要件”指导下的具体的综合，定罪也变得是确定的了，刑法学完成了成为科学的使命。

海关法学显然还没有如刑法学一样走上第二步道路，它还在第一条道路上徘徊。现在流行的海关法学的教材，大体都是按照现行海关法章节的顺序进行排列，通常是把海关法总则作为海关法学的概述，依次再叙述进出境运输工具、货物、物品、关税、海关法事务担保、法律责任等章节，这种教科书体系严格遵守了海关法体例，这没有错，但并不科学，因为它没有区分海关法学和海关法，不是作为科学的海关法学应该有的知识体系。

十年前，我曾在上海海关学院组织教师编写海关高等教育系列教材《海关法学》，为了和海关法区别，分成海关法本体论、海关法实体论、海关法程序论，试图用法学的基本理论解释海关法条文，把海关法各章节分别归在本体论、实体论、程序论下面论述，这样形式上摆脱了海关法体例的限制，但实质上还是对海关法条文规定的解释和叙述，没有完成从具体到抽象，更没有达具有决定性普遍意义的抽象“范畴”的高度，没有出现如刑法学中“犯罪构成要件”这样先验的范畴，并统摄犯罪各个要件要素，并据此展开刑法学的知识体系。这种知识体系因为抽象出综合性范畴实现了“抽象的规定在思维形成中导致具体的再现”，它因此摆脱了条文的束缚，成为独立的学科知识体系，使不包含一个条文的法学科学成为可能。与此对照，海关法学还是处在幼稚的学科阶段，它还没有能力摆脱条文的束缚，没有实现从具体到抽象，到综合的思维阶段，因此还远远不是科学。

四、范畴——海关法学成为科学的一道坎

海关法学要成为科学，必须实现从具体到抽象，再从抽象到具体这样一个过程，其中“范畴”是关键的连接点，海关法学必须找到从具体到抽象中，找到具有决定性意义的抽象的一般关系，换句话讲就是找到海关法学的“犯罪的构成要件”，找到这个抽象的一般关系，就可以涵摄具体的关系要素，就可以展开一般的知识体系，就可以形成真正的海关法律科学。

这样的抽象关系“范畴”在海关法学中是否存在呢？如果我们把眼光放到世界范围内海关法学的研究，确实是有这样的积极探索和实践的，欧盟海关法中的“海关债”就是这样一个抽象的关系“范畴”的活生生例子。

“海关债”将民法中债的法律关系引用到海关法律关系中，用

债解释所有的进出境活动，不仅进出境货物物品是债的法律关系，进出境运输工具也是债的法律关系，甚至违反海关法的行为也是债的法律关系，没有正常申报、缴纳税款、走私都可以解释为对债的法律关系的违反，海关行使职权的行为都被视为债的法律关系的恢复，通过“海关债”这个概念抽象为范畴，海关进出境活动监管中的具体事实都被抽象为概念了，实现了从具体到抽象的过程。而这时的“海关债”绝不仅仅是空洞的范畴，而是包含了海关进出境活动等具体的多样性的综合，是具体的再现，因此它可以从抽象再到具体，实现了海关法的科学化。

很遗憾，我们还没有在我国现行的海关法或海关法学教材中发现类似“海关债”的概念或范畴，现行海关法附则中包含进出境运输工具、过境转运通运货物、海关监管货物、保税货物、海关监管区的定义，但这些定义只是对海关法条文的注释，显然不是马克思所讲的从具体到抽象的第一条道路形成的抽象的“概念”“范畴”，这些定义也担负不起从抽象到具体的第二条道路的使命。

我国海关法中到底有没有这样的“概念”“范畴”呢？从具体到抽象，再从抽象到具体这样来回反复的思维运动和思考，我认为是有的。实践中，出现把没有逃避海关监管的行为作为走私对待，“套代购”走私认定中认为免税店销售完离岛免税商品就不受海关监管，将离岛免税商品理解为特定减免税货物，将自由贸易试验区、自由贸易港“境内关外”理解为海关监管以外等错误认识，本质上都源于对“海关监管”这一概念的知性缺乏，而这一概念如此重要，直接关系到海关法所有的法律关系，我们有没有可能将“海关监管”从具体上升到海关法学抽象的概念，甚至综合形成范畴，实现具体的多样性的综合，再从抽象到具体，去指导具体的海关法实践活动呢？答案显然是可以的。

五、是时候迈过这道坎了

前不久，党的二十大胜利召开。二十大全国关注，世界关注，因为中国已经是世界第二大经济体，第一大货物贸易国，第一大制造国，这些诸多第一、第二牵动世界，真可谓牵一发而动全身。二十大报告中指出的中国式现代化的命题，更为世界提供了现代化的中国图景，未来还将出现诸多的中国式现代化场景。这些命题、图景、场景，都需要新的理论去解释，因为已有的国际贸易理论、法学理论是建立在西方文明和西方学术话语体系基础上的，用这些理论解释中国式现代化往往说不通，讲不透，甚至失灵。因此，必须建立自己的学科体系，二十大报告中指出“加快构建中国特色哲学社会科学学科体系、学术体系、话语体系，培育壮大哲学社会科学人才队伍”，一语中的。

2018 年，基于国际贸易环境发生的改变和新技术的出现，世界海关组织启动了对《经修订的京都公约》全面审议工作，为全面修改公约做准备。中国海关积极参加全面审议工作，中国海关提出的“自由区”“AEO”“单一窗口”“海关在安全中的作用”“原产地规则”“跨境电商数据模型”六项提案进入立法文本起草阶段，对比二十年前中国海关参与《京都公约》的修订工作，真可谓是天壤之别。今天中国海关在诸多实践领域走在世界前列，“自由区”“AEO”“单一窗口”“海关在安全中的作用”“原产地规则”“跨境电商数据模型”等规则与实践，都是中国海关对世界的贡献。我们没有理由不相信，在中华民族重新崛起于世界民族之林，实现伟大复兴之际，作为学科的海关法学不会没有自己的科学贡献和世界贡献，海关法学应该、也一定会成为一门真正的确定性的科学。

密涅瓦的猫头鹰之所以在黄昏起飞，是因为只有在黄昏以后才可以看见整个白天所发生的一切，才可以追寻其他鸟儿自由翱翔的足迹。海关法学要成为一门法律科学，也应该像密涅瓦的猫头鹰一样，经过理性的反思，在黄昏以后，悄然起飞。

（这是作者为2022年上海市法学会海关法研究会年会暨第十五届海关法论坛召开时写的寄语）

奔向那片海

每次结束的时候都非常不舍，但又非常期盼，期盼来年继续交流。

总结本次论坛，我想讲3个“三”，也是我参加本次论坛的学习和体会。

第一个“三”，就是本次论坛的三个特点。

第一个特点是“长”和“短”。本次论坛安排了一天半的时间，大家可能觉得很漫长，但是要结束的时候又觉得很短暂。这一长一短反映出我们海关法研究的种志同道合——大家在一起交流，有共同的语言和说不完的话。

第二个特点是“多”和“少”。“多”反映在我们的话题多、交流多、投稿多；“少”体现在我们论坛的专业性，大家的研究主要聚焦在海关法的研究领域。

第三个特点是“厚”和“薄”。“厚”体现在我们的论文集越来越厚，共收集了近100篇文章，有560多页，是很厚的一本书；“薄”主要体现在“大道至简”，书越读越薄。我们通过这些厚的文章来探索海关法的规律，这些规律越梳理越清晰，我们也会觉得他虽然看起来那么厚，但其实很好把握，如果把这些规律带回去，会很好地指导我们的工作。

第二个“三”，是我对海关法研究的三点认识和感受。

一是海关法研究领域在不断拓展。这不但表现在海关法的传统领域（如监管、征税、打击走私等），随着关检融合也拓展到原检的一些法律，例如近年来在论坛的交流中国门安全成为一个焦点话题；还反映在传统海关法研究领域的深度也在不断拓展，主要表现在随着国际贸易方式的变化，海关法研究的话题也在拓展和延伸。例如，本次论坛的研究中就涉及新的贸易方式（如跨境电商），这些新的贸易方式带来海关法新的研究问题。再如，对传统的走私犯罪的研究拓展到了上下游犯罪的研究；还体现在我们原来一些特殊区域的研究；随着要建立自由贸易港的现实，对自由贸易港的研究也在深化。所以我在想，虽然海关法还是一个部门法，但实际上它已经成为一个具有完整体系的海关法律。因此，下一步我们需要研究海关特别法。走私犯罪就是一个特别的刑事法，尽管它在刑法领域里面，但它已经单独一节，独立成为一个类型的犯罪；随着自由贸易区、自由贸易港的设立，将来就有可能成立一部在区域上很特殊的海关特别法；类似的情况在其他新兴领域也会出现。所以对海关特别法的研究或者是专门法的研究，都会成为未来我们的研究趋势或者方向。这是海关法研究领域的拓展会带来的一些变化。

二是海关法研究方法在提升。判断一个学科或者部门法研究的水平高低，很大程度是看它的研究方法。如果我们的研究只是像中药铺子一样罗列一二三四五，仅仅把海关法的一些问题列出来，大家做一个交流发言，那这样的研究就显得幼稚。但是经历过十几届海关法的研究，我们这一届海关法的研究方法就很突出。比如，我们大量地使用了教义学的研究方法，就是刑法解释学的方法。又如，我们昨天讨论的南京海关关于禁限管理制度的完善，实际上就是做的教义学的研究，即禁限的法律规定、逻辑、如何解释、禁限是什么含义等。在这两天的研究里面讨论逃避商检罪，实际上也是在做这样的研究。发达的解释学的方法是判断学科是否成熟的一个重要方法，以前我们用得较少，但是现在越来越多。昨天我们还在私下交流说 2000 年《海关法》修订的时候，总署编了一本书发给大家，这本书就是对法条的解释，但是这本书要变成一本解释学的教材或者著作就还有一段距离。因为这本书还停留在对法条的解释，还不是解释学。要上升到解释学的方法还有很长的路要走。但是我们已经在往这个方向去做。还有一个很重要的方法在这次论坛中体现得比较明显，就是比较研究的方法。在本次征集的文章当中，有很多对国内海关法与国际法的比较，例如对 CPTPP、RCEP 和我们海关法的比较；还有我们在部门法与部门法之间类似条文的比较以及在法律内部作比较，如在刑法的内部讨论逃税罪与走私普通货物、物品罪等。我觉得我们都在自觉不自觉地运用法学研究的方法来研究我们的问题，这标志着我们海关法研究在走向成熟。

三是海关法研究是“写在大地上”。很多文章是通过实践写就的，而不是关在书斋里写就的。昨天我也谈到了关于中国特色自由区的研究让人眼前一亮。以前我们总是拿西方的标准，例如《京都公约》的标准来对照我们自由区的建设，现在我们已经在探讨在中国这样一个人口巨大、发展差异很大、产业和西方不同的这一背景下建设中国式的自己的自由区；再如，关于技贸的一些文章，如何去中心化、建立一个从基层首创到应对国外贸易壁垒的一些创新性举措，这些都是实践出来后又做了总结，才成就了我们中国海关法研究的特色，某种意义上也会成就将来我们研究海关法的话语，甚至会成就我们研究海关法的国际贡献和世界影响。

第三个“三”，是对未来海关法研究的三个期望。

一是期望这么多年来支持海关法研究的同人们能够一直把海关法研究持续下去，把海关法研究这个旗帜一直扛下去。近期主题教育我们都学了浙江“千万工程”的案例，习近平总书记在浙江从2003年开始把浙江当时一个落后的农村从“千村示范、万村整治”到“千村精品、万村美丽”再到“千村未来、万村共富”，很打动我们。一件事情要做起来不难，但是要持续做下去就要“久久为功”，需要我们“一张蓝图绘到底”。海关法研究也是这样。我们海关法研究从2007年举办第一届论坛，到今年已经举办了第16届，我们的旗帜一直扛在这里。同时，《海关法评论》已经出版了11卷；《国门安全法治》集刊也出了3卷。现在我们又有一批有志于搞海关法研究的同人聚集在一起，形成了相对固定的海关法研究的（某种意义上可以称为）学术共同体。我觉得这很难得，我们应该把它保持下去。

二是期盼我们的海关法研究进一步提高水平层次。我们要建立一个发达的海关的解释学和海关法的解释方法。马克思曾经讲过他对政治经济学的研究，他说政治经济学有两种研究方法，一种是从具体到抽象，这还不是科学的方法。他指出威廉·配第刚开始研究政治经济学就是总结经济学的现象，然后把经济学的现象再抽象为一定的概念和范畴，他说这只是走出了第一步。政治经济学要走出第二步，从抽象到具体，就要把这些概念范畴再回到经济学的现象当中去研究资本市场和运行。到了第二步才是真正的科学研究方法的完成。所以马克思去研究《资本论》是研究资本主义的现象，然后抽象出商品或者资本为元素，到了范畴，再用这个回过头看资本主义现象，再总结出资本主义现象的发展规律。这样才称为一个完整的科学方法。我们现在海关法的研究，我觉得好像已经触摸到了第一步要完成的那个阶段，但是我们没有抽象出海关法的范畴。我们如果能在总结这些研究的基础上，抽象出海关法的基本范畴和概念，然后用这个基本范畴和概念再去指导我们的海关法实践，这时候海关法就会变得更科学和更确定，我们在这个共同体里就会有更多的共同语言，在司法实践中会产生的很多争议性问题就会自然解除。刚才我们讨论的很多海关法的一些争议和问题，如研究走私罪的罪和非罪、此罪和彼罪、关于犯罪形态的问题。刑法学是有范畴的，就是犯罪的构成要件和犯罪构成要件的特殊形态。用这个去研究它，它就会得出一个相对确定的结论。民法学也是一样。但是在海关法里我们看不到有一个关于海关法的构成要件的学说。我们在海关法的讨论当中，大家都会从自我的实践中主观地提出一些建议。由于我们没有这种范畴和知识体系，没有用这种要件的方法或者原理的方法来指导我们，所以我们得出来的结论都是不确定的，这样得出的东西就会导致“公说公有理婆说婆有理”，他就不是一个科学的方法。这个层面是我们很欠缺的。我一直有一个愿望，要写一个没有一个海关法条文的海关法著作。如果能够写出这种著作，那就真的代表我们变得科学了，否则我们现在的海关法研究就没有突破科学这张纸，它就依然是很幼稚的。

三是期望我们的海关法研究能进一步扩大国际影响力。实际上我们的国际影响力随着中国国际地位的提升，中国式现代化目标的实现以及我们中国海关独一无二的不可替代性，我们有很多创造是可以做出我们的贡献，产生国际贡献和世界影响的。我们研究会原来也和欧盟海关法大会以及国际上一些著名的研究机构建立了非常密切的关系，我也希望我们将来能够开国际法的比较研讨会。我曾经设想能够开一个如中国和欧盟的比较海关法研讨会之类的会议，一年在我们这里开，一年在欧盟国家开。如果这些能够实现，我们就能走出我们的国家把我们的海关法推向世界。我也非常期待将来能够把我们的《海关法评论》再出英文版，能够在英文世界去发表，这样我们的影响力又会扩展到国际。这些都是未来我们都还可以去实现的目标。我觉得这不是不可实现的，是完全可以实现的。

最后，我也希望在座的各位能够支持海关法研究会，支持海关法论坛，我们一起把它办得更好！再一次感谢大家！

（这是作者 2023 年 7 月 22 日在第十六届海关法论坛上的总结发言稿）